T0126763

Stephan Landis

Anderswohin

T V Z

Stephan Landis

Anderswohin

13 Dienstreisen durch die Bibel

T V Z
Theologischer Verlag Zürich

Gedruckt mit freundlicher Unterstützung der Evangelisch-
Reformierten Landeskirche des Kantons Zürich.

Der Theologische Verlag Zürich wird vom Bundesamt für Kultur mit einem
Strukturbeitrag für die Jahre 2019–2020 unterstützt.

Bibliografische Information der Deutschen Nationalbibliothek
Die Deutsche Nationalbibliothek verzeichnet diese Publikation in der
Deutschen Nationalbibliografie; detaillierte bibliografische Daten sind im
Internet über http://dnb.dnb.de abrufbar.

Umschlaggestaltung
Simone Ackermann, Zürich
Unter Verwendung des Bildes «Jacob's Ladder» von William Blake,
wikimedia commons

Druck
Rosch-Buch, Schesslitz
ISBN 978-3-290-18245-8

Für Renate und alle,
die das Buch ermöglicht haben.

Inhalt

Werner Kramer

Einführung

I. Einige der Texte, die Stephan Landis für dieses Buch zusammenstellte, habe ich in den letzten Jahren in Fluntern als Predigten gehört. Sie riefen eigene Erfahrungen wach, und es entstand ein innerer Gedankenaustausch mit dem Verfasser. Die Anschaulichkeit seiner unverbrauchten poetischen Sprache, das Beleuchten biblischer Worte durch dichterische Texte, die Weite der Perspektive in eine offene Zukunft und die Freiheit, die der Prediger den Hörerinnen und Hörern gewährt, empfand ich als Wohltat.

Beim Hören hatte ich immer wieder den Eindruck, diese Texte würden auch in schriftlicher Form ihre Leser und Leserinnen ansprechen. Denn sie sind nicht wie typische Predigten aus einer bestimmten aktuellen Situation entstanden und konzipiert. Hier kreist jeder Text um ein Grundthema menschlicher Erfahrung, das in der Zusammenschau von Bibel, Dichtung und Erfahrung beleuchtet und vertieft wird. So haben die Texte im besten Sinn des Wortes literarischen Charakter, der die Zeit überdauert. Deshalb ermunterte ich Stephan Landis, die Texte einem weitern Kreis von Menschen in schriftlicher Form zuzustellen, auch solchen, die kaum noch Gottesdienste besuchen. Es sind Texte, die zum Lesen einladen und durch ihren Gehalt und ihre Form in ihren Bann ziehen.

II. Stephan Landis formuliert in einem der Texte die Gedanken, die ihn beim Auslegen der Bibel leiten:

> Ich habe in den letzten Jahren die Bibeltexte am Wegrand immer mehr lieben gelernt. Texte, die begleiten und inspirieren, ohne uns mit Dogmen zu beschweren. Texte, die schillern, die überraschen und ihre Farben ändern wie die Malven in und ausserhalb unserer

Gärten. Ihre leicht bewegten Blüten können auch einen frischen Gegenwind begleiten. Einen Kontrast zu den überzüchteten Pflanzen der Theologie mit ihrem schweren Aroma. Gerade das reformatorische «Schrift allein» kann die Luft ja doch auch stickig machen.

Die Wahrheit einer Aussage entscheidet sich nicht bei dem, der sie äussert; sie entscheidet sich überhaupt nicht an der Quelle, und sei sie noch so heilig. Nein, sie entscheidet sich bei denen, die sie hören. Ob nun Luther oder Zwingli spricht, die Bibel oder ein Gedicht: Nichts nimmt uns ab, uns eine eigene Meinung zu bilden. Jede Theologie muss sich an unserer Lebenserfahrung messen lassen oder daran, ob sie eine Hoffnung zulässt, die unsere Erfahrung sprengt.

Diese beiden Abschnitte zeigen, was Leserinnen und Leser dieses Buches erwarten können: Texte eines Verfassers, der die biblischen Texte liebt. Texte eines Verfassers, der Vorbehalte hat gegenüber Dogmen und theologischen Formulierungen. Texte eines Verfassers, der selbst eine unverbrauchte, bildhafte, ja poetische Sprache spricht und schreibt.

III. Die Leserinnen und Leser dieses Buches werden immer wieder erfahren, dass die Texte das einlösen, was Stephan Landis anspricht – immer wieder überraschend, bereichernd, beglückend.

Erstens: Wenn ich die Texte von Stephan Landis höre oder lese, bin ich umgeben von poetischer Sprache, von Gedichten, die ihm nahe sind. Von Bildern, die in eigenen Erfahrungen auftauchen. So heisst es in einem seiner Texte:

Gute Bilder tragen weit. Und damit meine ich nicht nur gezeichnete, gemalte, fotografierte Bilder, sondern auch die Bilder der Sprache, die man Metaphern nennt [...] Bilder lassen uns die Welt und unser Leben neu sehen. Sie informieren nicht einfach, sondern sie bewegen. Manchmal überfällt mich ein Sprachbild richtiggehend und lässt die Gedanken sprudeln, öffnet Türen, weckt Hoffnungen.

Genau so ist es mir mit den Texten von Stephan Landis ergangen. Assoziationen haben sich eingestellt, Türen zu neuen Räumen sind aufgegangen, ich konnte frei atmen. Begriffssprache hat diese Kraft nicht.

Zweitens: In den Texten von Stephan Landis bin ich vielen Zitaten von Dichterinnen und Denkern begegnet: von Heraklit, Hesiod und andern antiken Autoren, vor allem aber englischsprachigen Dichtern und Dichterinnen, wiederholt von Shakespeare und immer wieder von Autorinnen und Autoren aus der englischen Romantik und ihren Nachkommen. Wenn er aus diesen Werken zitiert, geht es ihm nicht darum, mit einer umfassenden Bildung zu glänzen. Er zitiert, was ihn erfüllt, wenn dadurch neues Licht auf sein Thema oder ein Bibelwort fällt. Das waren für mich jedes Mal überraschende Sternstunden.

Eindrücklich war dies bei der Geschichte der Vertreibung von Adam und Eva aus dem Paradies, einer Geschichte, die in der christlichen Tradition mit den Stichworten Sündenfall oder Erbsünde belastet ist. Stephan Landis beleuchtet die Geschichte mit den letzten Versen von John Miltons «Verlorenem Paradies», das ein anderes Bild als die Vertreibung unter dem ewigen Fluch der Erbsünde zeichnet.

Ja, die Zitate der Dichter, Dichterinnen und Denker in den Texten von Stephan Landis sind nicht schmückende Beigabe, sondern starkes Licht, das scheinbar vertraute Geschichten der Bibel im Ganzen oder in Einzelheiten neu sehen lässt. Ich bin dankbar für diese verändernden Blicke.

Drittens: Ich verdanke den Texten von Stephan Landis eine Bereicherung und Klärung meiner Vorstellungen des Reiches Gottes. Das nahe gekommene Reich Gottes ist das Zentrum der Verkündigung von Jesus und hat den Charakter eines verborgenen Cantus firmus in den Texten von Stephan Landis. Verblüffend ist für mich, wie er den schwierigen Satz aus dem Markusevangelium «Wer glaubt, dem ist alles möglich» mit dem Reich Gottes zusammensieht.

Der Satz heisst eben nicht bloss: Wer glaubt, kann alles, sondern: Wer glaubt, dem erscheint alles möglich. Die Welt ist dann keine feste Struktur, sondern eine Einladung zur Kreativität. Dieser Glaube macht den Horizont weit und lässt uns freier atmen. Es ist die Weite, die Jesus in seinen Gleichnissen und Geschichten vom Gottesreich auftut.

Dazu zitiert er den Anfangsvers eines Gedichts von Emily Dickinson: «I dwell in possibility – Ich wohne in der Möglichkeit.»

Nicht das Reich der Wirklichkeit muss unser Leben bestimmen, weder meine Vergangenheit noch meine Herkunft, in die ich scheinbar eingebunden bin. Alles ist offen für das Leben im Reich der Möglichkeit, und dies immer wieder neu.

Viertens: Berührt hat mich, wie klar – auch kritisch – in den Texten von Stephan Landis der Blick auf Religion, Theologie, Kirche gerichtet ist.

Grundlegend, ja selbstverständlich ist, dass christliche Religion, christliche Kirchen, christliche Theologie gemäss der Verkündigung Jesu dem Reich der Möglichkeit verpflichtet sind. Das würde bedeuten: ausgerichtet sein auf das Jetzt und die Zukunft, bereit sein für Veränderung, Menschfreundlichkeit leben, Schwache stärken, Kreativität beweisen bei der Wegsuche in die Zukunft, bereit sein, Risiken einzugehen.

Immer wieder hat Stephan Landis aber den Eindruck, dass Religion, Kirche, Theologie im Reich der Wirklichkeit wohnen, an der Vergangenheit orientiert sind, konservativ im Festhalten am Bestehenden. Er nennt plausible Gründe: Ihre Ursprungsmythen liegen in der Vergangenheit, die kultische Praxis ist durch Traditionen gesichert und sanktioniert. Ihre Dogmen zementieren eine vergangene Stufe des Erkennens. Institutionen haben ein grosses Beharrungsvermögen. Das alles sind Hindernisse für ein Wohnen im Möglichen. Stehen wir heute an einem Wendepunkt?

Heute stehen wir am Ende dieser Epoche der christlichen Religion. Einer Epoche, in der eine Hierarchie, eine Struktur, das religiöse Leben der Christinnen und Christen weitgehend prägte. Viele von ihnen haben erlebt, wie sich das verändert hat. Sie erlebten mit, wie sich alte Selbstverständlichkeiten auflösten; im Kirchenbesuch etwa, in der schwindenden Bedeutung des Kirchenjahrs, vor allem: Die Gemeinden sind kleiner geworden.

Niemand kann sagen, wie es weiter geht. Stephan Landis nimmt Stichworte von Joachim Fiore, einem mittelalterlichen Theologen des 12. und 13. Jahrhunderts auf: Dieser spricht von einer neuen Epoche der Kirche. Nach dem Zeitalter des Vatergottes und nach jenem des Sohnes und der Kirche sieht er eine neue Epoche des Heiligen Geistes kommen. Der Heilige Geist, der im einzelnen Menschen wirkt. Wäre das die Ablösung der Kirchen und Grossstrukturen durch die Einzelmenschen und ihre Spiritualität und durch kleine Gruppen christlicher Individualisten, die ihre Spiritualität leben und teilen? Erinnert dies nicht an Entwicklungen und Erscheinungen, die wir heute, im Zeitalter der Individualisierung, da und dort um uns herum erleben?

Natürlich entwickelt Stephan Landis in seinen Texten keine Programme, aber diese Hinweise zeigen, wie er mich durch seine Stichworte auf den Weg geschickt hat. Ich bin dankbar für seine Impulse. Es lohnt sich, seine Texte zu lesen und wieder zu lesen. Das ist ein Vergnügen. Die Texte beleben mich durch ihre Vielfalt und Schönheit. Es geht mir Neues auf.

King Lear – ein Gott stirbt

30. Januar 1649, an einem kalten Wintertag. An diesem Tag wurde in London ein kleiner, feingliedriger Mann auf eine Bühne aus Holz geführt. Man hatte sie direkt vor einem Prunkbau des englischen Königspalasts als Hinrichtungsstätte errichtet. Der kleine Mann war König Charles I., der sich mit seinem Parlament überworfen und einen Bürgerkrieg angezettelt hatte. Er wurde zum Block geführt und vom Scharfrichter mit dem Beil enthauptet. 150 Jahre vor der Französischen Revolution hat England seinen König hingerichtet und sich zur Republik erklärt.

Doch als das Beil fiel, so wird erzählt, ging ein Stöhnen durch die Menschenmenge, die sich um die Bühne versammelt hatte. Als wäre ganz England in diesem Moment unter Schock gestanden; nicht nur wegen der staatlich verordneten Gewalttat, sondern weil man hier nicht einen gewöhnlichen Menschen hingerichtet hatte. Man hatte einen König von Gottes Gnaden getötet. Seine Krone war, so dachten er und viele Menschen der frühen Neuzeit, eine Gabe Gottes und Charles selbst dessen Inkarnation auf Erden. Seine Absetzung und Hinrichtung war ein Riss in der Dreiheit von Vater, König, Gott. Und diese Dreiheit hat unsere Kultur ebenso geprägt wie die Trinität von Gottvater, Sohn und Heiligem Geist. Vater, König, Gott waren für die Menschen Garanten für eine stabile Hierarchie, eine stabile Wahrheit. Wie sollte man ohne sie leben?

Das Seltsame ist, dass 43 Jahre vorher William Shakespeare das traumatische Ereignis quasi vorweggenommen hatte, in seiner Tragödie «King Lear». In diesem Stück lässt Shakespeare alle drei, Vater, König, Gott in die Krise geraten und sterben.

Die Geschichte beginnt wie im Märchen, in einem England vor England. Der König ist alt und möchte die Last des Regierens und seinen Landbesitz an seine drei Töchter abgeben. Wer soll was bekommen? Lear lässt seine Kinder zum Liebeswettbewerb antreten. Wer liebt mich am meisten? Die beiden älteren Töchter übertreffen sich gegenseitig in Liebesbeteuerungen, die dritte aber, Cordelia, Vaters Liebling, kann nur etwas sagen: nichts, *nothing*. Ein Wort, das von diesem Moment an das Stück durchziehen wird. «King Lear» ist auch eine Meditation über dieses Wort: nichts. Liebe und sei still, sagt Cordelia zu sich selbst. Die wahre Liebe kann nicht anders, als sich dem Zwang zur Selbstdarstellung zu entziehen: dem Zwang dieser autoritären Struktur, dem Zwang, zu repräsentieren – statt einfach zu sein.

Doch nun entlädt sich über Cordelia der Zorn des beleidigten Königs und des törichten Vaters. Lear enterbt Cordelia und teilt ihren Anteil auf ihre beiden Schwestern auf. Cordelia verlässt das Land mit ihrem Mann, dem König von Frankreich, der sie trotz fehlender Mitgift heiratet.

Lear, der alle Machtmittel und Güter aus der Hand gegeben hat, vertraut darauf, dass die zwei älteren Schwestern ihn nach wie vor als Vater und König achten und ihn mit Ehren bei sich aufnehmen. Darin aber täuscht er sich. Der anspruchsvolle und Liebe fordernde Vater ist den Töchtern eine Last und ein Hindernis ihrer Ambitionen, und das lassen sie ihn schmerzlich spüren. Lear wird isoliert, bis nur noch zwei Treue ihn begleiten, einer davon sein Hofnarr. Dieser hält ihm mit bitterem Witz, der wehtut, seine Torheit vor: Dass er statt auf Realpolitik auf seine gottgegebene Königswürde vertraut hat. Indem er das Szepter freiwillig abgibt, liefert er sich dem Chaos des Überlebenskampfs aus – und der reicht bis in die Familie. Der Welt und den Menschen werden die Masken abgerissen: Hinter dem Eros lauert die Gier, hinter der Ehrfurcht der Ehrgeiz, und die Schöpfung ist mit dem Bösen im Bunde.

Von seinen älteren Töchtern verstossen, zieht der alte Mann schutzlos in einen aufkommenden Sturm hinaus. Auf der Heide ist er den Naturgewalten ausgesetzt. Zum ersten Mal erlebt er am eigenen Leib die Verletzlichkeit einfacher Menschen, der

Landstreicher und Bettler. «Fühl einmal, was Armut fühlt» (Lear, Akt III, Szene IV, V. 34).

Wenn uns alle Schutzhüllen weggenommen werden; auch die Hüllen der Seele, die unsere Identität ausmachen und von denen wir glauben, dass sie unlöslich mit uns verbunden sind, was bleibt? Als Lear sich einem nackten Bettler gegenübersieht, reduziert sich für ihn das Bild der Menschen auf arme, gejagte Kreaturen.

> Ist der Mensch nicht mehr als das? Betracht ihn recht. Du bist dem Wurm keine Seide schuldig, dem Tier kein Fell, dem Schaf keine Wolle, der Katze keinen Moschus. Drei von uns sind künstlich, du bist das Ding selbst. Der natürliche Mensch ist nichts mehr als ein armes, nacktes, gegabeltes Tier wie du.

> Is man no more than this? Consider him well. Thou owest the worm no silk, the beast no hide, the sheep no wool, the cat no perfume. Ha! Here's three on 's are sophisticated. Thou art the thing itself. Unaccommodated man is no more but such a poor, bare, forked animal as thou art. (Lear, Akt III, Szene IV, V. 105–111)

Nicht mehr König, nicht mehr Vater, nur noch die nackte Existenz. Nun brechen auch in Lears verletzter Seele alle Dämme, sein Geist verwirrt sich, sein Personenkern zerfällt.

Lear wird im Stück einmal als *child-changed father* beschrieben in einem jener Sprachwunder Shakespeares, in denen Prägnanz und Mehrdeutigkeit bis in die Tiefen des Menschseins leuchten: denn *child-changed father* beschreibt, dass der Vater wieder zum Kind geworden ist, aber auch dass er ein Vater ist, den seine Kinder verwandelt haben, zu dem gemacht, was er nun ist. Für Lear ist die Welt, in der er gelebt hatte, in der er einst Vater und König war, hohl geworden. Hierarchien und Autoritäten gründen nur auf Macht und Gewalt, das Recht ist ein System, in dem ein Verbrecher den anderen bestraft.

Doch damit ist die Tragödie nicht zu Ende. Die guten Kräfte sind nicht verschwunden. Die dritte Tochter Cordelia, die Stille, die Wahre, die nicht heucheln kann, kommt mit einem Heer zurück, um ihren Vater zu retten. «Du hast eine Tochter, die befreit die Natur vom Fluch, den ein Paar über sie gebracht hat» (Lear, Akt IV, Szene VI, V. 205–207). Unweigerlich denkt man an Adam und Eva, und hinter Cordelia scheint die Figur des Christus auf, der die Sünde Adams und Evas tilgt. Und nicht nur hier erscheint Cordelia als Christusfigur. Als Lear und Cordelia sich erstmals wieder treffen, bittet er auf Knien um Vergebung. Denn sie hätte, nicht wie ihre Schwestern, Grund zum Groll gegen ihn. Darauf sagt sie nur: Kein Grund, kein Grund; in diesen Worten ist eine Liebe, die die Seele löst und heilt. Ein Verzeihen, das in die Dunkelheit und Kälte strahlt, das durchsichtig wird auf Jesus selbst und seine Botschaft.

Und es scheint alles gut zu werden. Sogar als die Bösen dieses Stücks in der Schlacht siegen, bleibt Lear immer noch der Raum ihrer Zuneigung, die Alternative zur harten Aussenwelt, ein verinnerlichtes Arkadien der christlichen Liebe. Lear singt diesem Idyll der Liebe, die selbst im Gefängnis leben kann, ein berührendes Hohelied.

> Da lass uns singen wie Vögel in dem Käfig.
> Bittest du um meinen Segen, will ich knien
> und dein Verzeihn erflehn. So wollen wir leben,
> beten und singen, Märchen uns erzählen
> und über goldne Schmetterlinge lachen.
> Wir hören armes Volk vom Hofe plaudern
> und schwatzen mit; wer da gewinnt, verliert,
> wer in, wer aus der Gunst; und nehmen
> das Geheimnis der Dinge auf uns,
> als wären wir Spione Gottes.
> (Lear, Akt V, Szene III, V. 9–17)

Die alte Sage, die Shakespeare den Stoff zu diesem Stück geliefert hatte, sah tatsächlich ein Happy End vor, samt Hochzeitsglocken und Erhaltung von Lears Dynastie. Doch am Ende dieser dunkelsten aller Tragödien steht der rätselhafteste Eingriff, den Shakespeare je an einer seiner Quellen vornahm. Am Ende steht die sinnlose Ermordung Cordelias. In der letzten Szene trägt Lear den Leichnam seiner Tochter auf die Bühne. Es ist wie bei einer Pietà, bei der Darstellung der trauernden Maria mit dem Leichnam Jesu in den Armen. Cordelia hat im Lauf des Stücks immer mehr die Züge von Christus angenommen. Nun spielt Lear in diesem neuen Passionsspiel den Part des Trauernden. Eine Pietà mit vertauschten Geschlechterrollen. Und Lear, Vater und König, übernimmt als Vater der Christusfigur auch die dritte Rolle in jener alten, mächtigen, lastenden Dreiheit: Vater, König, Gott.

Aber er ist ein Gott, der verzweifelt und stirbt. Lange vor Nietzsche, der im 19. Jahrhundert den Tod Gottes verkündigte, zeigt ihn Shakespeare auf seiner Theaterbühne. Bei Nietzsche spielte neben dem Triumph auch die Angst des einsamen Kindes mit, das in den Wald ruft und auf eine Antwort oder wenigstens ein Echo wartet. Bei Lear aber ist es ein Verlust aller Hoffnung: Die erlösende Liebe seines Kindes stirbt ins Nichts hinaus. Lear selbst sucht verzweifelt nach Lebenszeichen; und er glaubt sogar eines zu erkennen. «Nur das Elend sieht Wunder – fast» (Akt II, Szene II, V.163–164). Am Ende von King Lear bleibt nur ein Karfreitag ohne Ostern. Gibt es eine tiefere Anfrage an das Christentum?

> Nein, kein Leben.
> Ein Hund, ein Pferd, eine Ratte soll Leben haben,
> und du nicht einen Hauch? Du kehrst nicht wieder,
> niemals, niemals, niemals, niemals, niemals.
> (Lear, Akt V, Szene III, V. 304–307)

Das fünffache *never* Lears hallt durch die Geschichte der Neuzeit. Für Shakespeare aber markierte King Lear auch einen Schlussstein. Hier war gesagt, was er einmal sagen musste. Vater, König, Gott; wenn einer fällt, brechen auch die anderen ein. *Diese* Religion, die in den Gegensätzen von oben und unten, von Gott und Mensch denkt, ist tot. Diese Religion, die bloss die irdischen Machtverhältnisse in den Himmel projiziert und umgekehrt unsere Hierarchien heiligt, ist tot.

Doch King Lear ist nicht Shakespeares letztes Wort, wie der Karfreitag nicht das letzte Wort der Bibel ist. Etwa ein Jahr später stirbt auf der Shakespearebühne eine andere gescheiterte Figur, diesmal eine Königin (Kleopatra). Doch dieses Mal ist der Tod für sie keine letzte Grenze. Eine Vertraute, die ihr in den Tod nachfolgen wird, richtet sie zärtlich her, und ihre letzten Worte öffnen den Horizont weit. «Deine Krone sitzt schief; ich rücke sie zurecht, und dann werde ich spielen» (Antonius und Cleopatra, V. 317–318).

*Lasst einen neuen Geist euer Denken bestimmen, und zieht
an den neuen Menschen, der nach dem Willen Gottes geschaffen
ist: in Gerechtigkeit und wahrer Heiligkeit.*
Eph 4,23–24

Gott als Theatermensch

Gute Bilder tragen weit. Und damit meine ich nicht nur gezeichnete, gemalte, fotografierte Bilder, sondern auch die Metaphern, Bilder der Sprache. Gute Sprachbilder sind mehr als Umschreibungen oder Verzierungen. Und sogar die einfachsten und scheinbar abgegriffenen Metaphern tragen noch etwas vom Glanz ihres Anfangs in sich. Wenn Paare einander mit Schatz anreden, dann schwingt manchmal etwas Besonderes mit: etwa, wenn einem plötzlich aufgeht, dass die oder der andere einem unerschöpflich ist wie am ersten Tag, einen immer wieder überrascht und berührt. Es ist ein Staunen über diesen Schatz im eigenen Leben, immer neu.

Bilder lassen uns die Welt und unser Leben neu sehen. Sie informieren nicht einfach, sondern sie bewegen. Manchmal überfällt mich ein Sprachbild richtiggehend und lässt die Gedanken sprudeln, öffnet neue Türen, weckt Hoffnungen. So ist es mir mit der Metapher des Textes aus dem Epheserbrief gegangen: «Zieht an den neuen Menschen, der nach dem Willen Gottes geschaffen ist.» Eine seltsame Aufforderung: Den neuen Menschen anziehen wie ein Kleid. Über Kleider wäre viel zu sagen; sie begleiten uns vom Taufkleid über den Hochzeitsschleier bis zum Leichentuch. Menschen wechseln im Lauf ihres Lebens unzählige Male ihre Kleider. Freude hängt daran, Hoffnungen und Erwartungen, Sehnsucht, Stolz, Anpassung, aber auch der Ausdruck von Individualität und Protest. Wäre dann das Leben, das Menschsein, auch das Christsein eine andauernde Kleiderprobe? Vielleicht, ja.

Ich möchte aber mit der Spekulation der Poesie das Bild gern noch ein wenig weiterführen. In Kleiderläden fühle ich mich nämlich weniger wohl. Kleiderproben verbinde ich seit meiner

Kindheit lieber mit dem Verkleiden, mit der Kostümprobe im Theater. Schon als Kind, seit dem ersten Krippenspiel und seit dem ersten Schultheater, habe ich gern auf der Bühne gestanden. Viele – und gerade scheue – Kinder lernen beim Theaterspielen, aus sich herauszugehen, und bekommen im Spiel eine Stimme.

Ich kann mich gut erinnern, wie in einer grösseren Aufführung in der Mittelschule die Stillen plötzlich Seiten ihrer Persönlichkeit zeigten, die man vorher höchstens geahnt hatte. Niemand kann etwas spielen, was er nicht in sich trägt. Aber das Theater kann helfen, Verborgenes ans Licht zu bringen, Neues auszuprobieren, was man bisher nicht wagte.

Vielleicht gilt das sogar für professionelle Schauspielerinnen und Schauspieler, die, so hört man, oft eher schüchtern sind. Ich erinnere mich an den Volksschauspieler Ruedi Walter, an den bescheidenen, unauffälligen Mann. Beim Spielen aber leuchtete sein Witz, und die Zuschauenden wärmten sich an seiner Wärme.

Und eine andere Erinnerung: Als ich einmal im Ausland an einer Probe dabei war und eine Liebesszene gespielt wurde, wurde mir zum ersten Mal klar, warum sich bei Proben oft neue Beziehungen entwickeln, warum aus dem Spiel plötzlich Ernst wird. Es ist ein Geheimnis und ein Paradox um das Theaterspielen: Hier, wo man für einmal nicht authentisch sein muss, fällt es leichter, die Masken abzulegen, die man im Alltag trägt. Wer ausser sich ist, ist manchmal näher bei sich.

Und im Spiel fällt es auch leichter, neue Gedanken zu denken. In seinen grossen Epochen war das Theater immer auch ein Labor der neuen Ideen. Ein inspirierendes Stück legt einem Gedanken und Worte in den Mund, die einleuchten, die man vielleicht selbst schon immer gern gefunden hätte. Und das alles in der Freiheit des Spiels, die es erlaubt, nach der Aufführung das Stück und die Theaterrolle wieder abzulegen.

Ich möchte einige Minuten in diesem Bild wohnen und denken. Kann das Theater uns Hinweise geben, wie das gehen könnte: Neues auszuprobieren? Einen neuen Geist in uns leben zu lassen? Den neuen Menschen anzuziehen, der nach dem Willen Gottes geschaffen ist?

Wer wäre dann der Autor oder die Autorin des Theaterstücks? Verfasserfragen sind im Theater wie in der Theologie manchmal nicht leicht zu beantworten. Gerade bei diesem Text etwa: Der Epheserbrief nennt selbst Paulus als seinen Autor. Die meisten Wissenschaftlerinnen und Wissenschaftler gehen heute allerdings davon aus, dass in diesem Brief ein anderer Verfasser in der Zeit nach Paulus in dessen Namen spricht. Man könnte sagen, ein anderer sei in die Rolle des Paulus geschlüpft, und schon sind wir beim Theaterspielen.

Und diesen Rollentausch gibt es nicht nur beim Epheserbrief. Viele sehen ja die Bibel als Gottes Wort, wissen aber auch, dass sie zugleich Menschenwort ist. Rollentausch also auch hier. Dann wäre letztlich auch Gott Autor unseres Theaterstücks? Warum nicht. Allerdings nicht so, wie es sich die Theologen früher vorstellten; dass nämlich Gott vor aller Zeit den Weg von uns Menschen vorherbestimmt hat, bis hin zum ewigen Heil oder zur ewigen Verdammnis. Weder Gott noch Mensch folgen einem so starren Drehbuch. Beide sind Wesen, die sich wandeln – die Bibel weiss viel davon. Ohne diese Wandlungen wäre sie nicht das Buch des Lebens, das sie ist.

Gott als Theaterautor würde also, so stelle ich es mir vor, ein Stück schreiben, das viele Möglichkeiten offenlässt. Das war auch in jener Theaterepoche so, die unserer Kultur die stärksten Impulse und die tiefsten Einsichten geschenkt hat: in der Zeit William Shakespeares. Er hat seine Texte randvoll mit Möglichkeiten für die Schauspieler gefüllt, mit Metaphern, mit Impulsen für Handlungen, Gesten, Emotionen, Gedanken. Zugleich hat er viel Freiheit gelassen, Möglichkeiten zu realisieren oder sie schlummern zu lassen, je nach Individualität. Shakespearetexte sind reich, sie sind immer mehr, als eine Schauspielerin oder ein Schauspieler daraus machen kann. So können sie zum Gleichnis für unseren Umgang mit der Bibel werden.

Und das vielleicht auch noch auf andere Weise: Der englische Name für ein Theaterstück ist *play*, Spiel. Dahinter versteckt sich eine tiefe Entscheidung: *Play* war der Name der mittelalterlichen Spiele, in denen in vielen Städten die biblischen Geschichten aufgeführt wurden. Alle machten mit, alle schauten zu. Und auch auf der Bühne trafen sich alle, der König und der Bettler, Gott und der Schafhirt. Eine Welt, in der alles zusammentraf und alles möglich war – wie in der Bibel. Und es wurde wirklich gespielt, handgreiflich, physisch, nicht nur geredet und deklamiert wie im Theater der Königshöfe und Schulen. Darauf haben Shakespeare und seine Zeitgenossen ihr Welttheater aufgebaut. Darum der Name *play*, das alte, einfache englische Wort statt des abstrakten antiken Begriffs Drama.

Und *play*, spielen, das ist eines der geheimen Schlüsselworte der Bibel, des Christentums. Man braucht es in der Kirche und Theologie nicht oft. Dabei kennt die Bibel Wortspiele und eine spielende Weisheit, an der Gott seine Freude hat. Es würde sich lohnen, sie in unseren Wortschatz und in unsere Innenwelt zurückzuholen.

Wie aber kann die Theaterprobe zum Raum werden, in dem Neues ausprobiert wird? In Shakespeares Theater war nicht viel Zeit für Proben, denn fast schon jeden Tag erwartete das Londoner Publikum ein neues Stück. Die Schauspieler erhielten zur Vorbereitung und zum Auswendiglernen nur eine Abschrift ihrer eigenen Rolle und dazu ein, zwei Stichwörter für ihre Einsätze. Sie kannten also nicht das ganze Stück, sondern mussten sich auf ihren Part konzentrieren, auf seine funkelnde Sprache, um möglichst viel daraus zu machen. Der Rest war mehr oder weniger Überraschung. Im Skript stand nicht einmal, wer von den Kollegen einem die Stichwörter lieferte. So wusste man vielleicht gerade noch, dass man eine Liebeserklärung erhalten würde – aber nicht, von wem!

Nie war Theater unberechenbarer, in jedem Moment offen wie das Leben, aber nicht überall. Frauen besuchten zwar die Aufführungen, aber wegen des Widerstands der Puritaner durften sie nicht selber spielen. Umso schlimmer für die Frommen! Denn nun wurden die Frauenrollen von Jünglingen gespielt. Shakespeare liess die Komplikationen munter weiter sprudeln und die Geschlechtergrenzen wenigstens in der Fiktion des Theaters durchlässig werden. Ja, Shakespeare ist auch einer der Vorläufer der modernen Gendertheorie.

Kommt dazu, dass es keinen Regisseur gab, der für Ruhe und Ordnung sorgte. Im Shakespearetheater wurde niemand auf eine Deutung festgelegt. Das Kunstwerk der Aufführung entstand in der Auseinandersetzung der Spielenden miteinander und mit dem Text. Und jedes Mal war sie ein neues Experiment.

Ich sehe uns Menschen gern als eine solche Theatertruppe, die Neues ausprobiert. In der alle ihre Worte finden und Versionen ihrer selbst spielen können. Oft wird die Kirche als bewahrende Kraft gesehen; in ihrer Mitte steht die Wiederholung, das Ritual, das Grenzensetzen, die Einheit der Lehre. Doch muss das so sein? Jesus selbst spricht mehr vom Kommenden als vom Vergangenen, mehr von der neuen Möglichkeit als vom Gewicht der Tradition. Seine Gleichnisse können als Ballzuwerfen verstanden werden, als Einladung zum Spiel. Sie sind weniger eine Lehre, sondern eher ein Lernen und Entdecken. Ja, auch eine Kirchgemeinde mit Theatertruppe wäre eine Freude.

Lasst einen neuen Geist euer Denken bestimmen, sagt die Stelle aus dem Epheserbrief, und zieht an den neuen Menschen, der nach dem Willen Gottes geschaffen ist. Der Epheserbrief deutet auch an, wie man sich den neuen Menschen vorstellen kann, den man anziehen oder eben spielen soll. Ja, er sagt manches dazu, Kluges, Kritisches, aber auch eher Konventionelles, Moralinsaures zum Stehlen und Lügen, zur Unzucht und zum Geschwätz.

Doch dann findet der Verfasser wieder zurück zur Schönheit und Tiefe seiner Metaphern, und all seine Ermahnungen münden in ein Bild, das viel mehr ist als eine Zusammenfassung und viel mehr als Moral, nämlich eine Inspiration, wenn er sagt: «Lebt als Kinder des Lichts» (Eph 5, 8).

Und Gott sprach: Sieh, der Mensch ist geworden wie unsereiner, dass er Gut und Böse erkennt. Dass er nun aber nicht seine Hand ausstrecke und noch vom Baum des Lebens nehme und esse und ewig lebe! So schickte ihn Gott aus dem Garten Eden fort, dass er den Erdboden bebaue, von dem er genommen war. Und er vertrieb den Menschen und liess östlich vom Garten Eden die Kerubim sich lagern und die Flamme des zuckenden Schwertes, damit sie den Weg zum Baum des Lebens bewachten.
Gen 3,22–24

Der Riss durch die Schöpfung

Die Bibel erzählt die Schöpfung der Welt mindestens zweimal: Einmal im Schema der sechs Tage, in denen Gott die Welt erschafft und am siebten Tag davon ausruht. Hier, im ersten Schöpfungsbericht, denkt die Bibel die Schöpfung als vollkommene Ordnung. Gott sah, dass es gut war, heisst es darum. Die Welt erscheint hier auch als System und Hierarchie, in die man sich leidglich noch einzufügen braucht.

Ganz anders der zweite Schöpfungsbericht: Dort baut Gott quasi eine kleine Welt speziell rund um den Menschen herum: eine Art Privatgarten, den Garten Eden. Ein richtiges Idyll, in dem Gott mit dem Menschen und bald mit zwei Menschen, mit Adam und Eva, in innigem Kontakt, im ständigen Gespräch steht. Dies ist eine intime Familiengeschichte. Doch die Idylle, die enge Symbiose von Gott und Mensch, kann nicht dauern.

Es folgt die Geschichte, die bis heute den Titel «Der Sündenfall» trägt, auch wenn der Begriff heute seltener gebraucht wird. Verführt von der Schlange, isst Eva vom Baum der Erkenntnis von Gut und Böse, obwohl Gott den Menschen gerade das verboten hat. Auch ihrem Adam gibt sie von der Frucht zu essen. Gott kommt dahinter und bestraft die beiden Menschen hart: Eva mit den Schmerzen des Gebärens und Adam mit der Mühsal der Arbeit auf dem Feld. Doch das Schlimmste kommt zuletzt: die Vertreibung aus dem Garten.

Ist das eine schreckliche Geschichte? Ja, in gewissem Sinn ist sie das. Denn immer wieder hat man mit ihr die Menschen eingeschüchtert und klein gemacht. Immer wieder hat man ihnen damit schwere Gewichte aufgeladen. Die Last der ererbten Sünde, die wir alle, so die Behauptung, durch den Fall unserer Ureltern mit uns tragen. Die Last der Angst, vor Gott immer schon zum vornherein mit abgesägten Hosen dazustehen, die Angst vor den flammenzuckenden Schwertern seiner Rache. Und ganz speziell die Last, die man den Frauen aufbürdete: Eva, so predigten Theologen jahrhundertelang, soll das Einfallstor der Sünde gewesen sein.

Das alles ist eine geballte Ladung an lastenden Dogmen, an Gift, das sich tief in die Seelen der Menschen gefressen hat. Dies *ist* eine Tragödie, eine Tragödie der Kirchen, die die biblische Familiengeschichte zum Hebel ihrer Einschüchterung machten und zur Stütze ihrer Macht. Denn der Mensch, der in die Sünde gefallen ist, braucht sie, die Kirche, um am Ende nicht verloren zu gehen.

Und doch: Jedes Mal, wenn ich zu dieser Geschichte aus der Genesis zurückkehre, staune ich: Lese ich den gleichen Text wie alte Theologien der Kirche? Auf diese Geschichte, die so harmlos daherkommt, manchmal fast naiv, manchmal listig schmunzelnd, auf diese Geschichte soll sich das ganze Gewicht der Kirchenlehre stützen? Ihre ganze Metaphysik der Sünde? Ist das wirklich die Geschichte vom Sündenfall, vom Fall des ganzen Menschengeschlechts in die Sünde?

Kaum. Eher mutet sie mich an wie eine intime Beziehungsgeschichte mit sehr irdischen, menschlichen Zügen. Wie die Geschichte einer Familie, eines Vaters und seiner zwei Kinder halt. Für diese Kinder hat Gott den Garten Eden gepflanzt, als Eigenheim quasi, als einen Ort, an dem sie gehegt und behütet aufwachsen können.

Vielleicht macht Gott sogar die Fehler der meisten Väter. Etwa dieses Verbot: Von allen Bäumen des Gartens darfst du essen. Vom Baum der Erkenntnis von Gut und Böse aber, von dem darfst du nicht essen. Gibt es eine grössere Verlockung, als gerade und erst recht von diesem Baum zu essen? Wer könnte da widerstehen? Dass Gott seine Kinder von der Erkenntnis von Gut und Böse bewahren will, das ist vielleicht ein geheimer Wunsch vieler Eltern. Doch kaum je wird er erfüllt. Ja, es sind nicht nur die Kinder, die etwas lernen müssen, wenn sie erwachsen werden.

Es sind auch die Eltern, die lernen müssen, ihre Kinder dabei zu begleiten und sie schliesslich gehen zu lassen.

Die Geschichte erzählt davon auch mit einem Augenzwinkern. Die Erzählung vom sogenannten Sündenfall kommt fast schon als kleine Komödie daher. Dabei macht übrigens Eva die bessere Figur als Adam, auch wenn man es aufgrund der theologischen Tradition nicht vermuten würde. Sie ist die lebendigere Gestalt, sie will mehr wissen und geht darum dem Tipp der Schlange nach. Eva ist die Forscherin, die sich nicht mit Verboten abspeisen lassen will, quasi eine frühe Heldin der Aufklärung. Adam dagegen wirkt stumpf und passiv. Er nimmt zwar auch von den Früchten der Erkenntnis. Als aber Gott Adam auf die Schliche kommt und ihn zur Rede stellt, weiss der schwächliche Mann nichts Besseres, als die Schuld auf Eva zu schieben: «Die Frau, die du mir zugesellt hast, sie hat mir von dem Baum gegeben. Da habe ich gegessen» (Gen 3,12). Das ist fast schon ein Vorgeschmack auf all die kleinen Ehegeplänkel, die unzählige Paare der Menschheitsgeschichte nachspielen werden: Du bist schuld.

Und Gott? Manchmal denke ich, dass der Vater in dieser Geschichte überreagiert. Vielleicht erfasst ihn sogar die Angst, weil er merkt, dass er die Kontrolle über seine aufwachsenden Kinder verliert. Und er reagiert so, wie später viele Eltern reagieren werden: Er weist Adam und Eva aus dem Garten, den er doch geschaffen hat, damit seine Kinder geborgen aufwachsen können. Man kann sich vorstellen, dass ihm dabei das Herz blutet. Doch er zeigt sich hart. Dass Adam und Eva nun von Gut und Böse wissen, kann er allerdings nicht ungeschehen machen. Gott sagt in diesem Moment einen erstaunlichen Satz: «Sieh, der Mensch ist geworden wie unsereiner» (Gen 3,22). Aber wenigstens den Baum des Lebens will er im Zorn den Menschen vorenthalten. Wenn sie den Garten Eden verlassen, verlassen sie auch die Welt ihrer Kindheit. Auf sie wartet eine entzauberte Welt: eine Welt der Mühe und Arbeit, eine Welt, in der es den Tod gibt und den Schmerz und die Sorge, auch um die Kinder, die Adam und Eva selbst haben werden.

Etwas geht zu Ende, etwas, worauf die Menschheit mit Nostalgie zurückblickt: das Paradies der vollkommenen Harmonie, die Nestwärme der Kindheit. Die Bibel deutet an, wie Gott früher ganz selbstverständlich im Garten Eden seinen Abendspaziergang machte und dabei rasch bei Adam und Eva vorbeischaute. Damit ist es nun vorbei.

Es ist ein bisschen wie der Verlust der Eltern. Ein türkischer Taxifahrer, der schon als junger Mann Mutter und Vater verlor, sagte mir einmal: «Erst wenn beide Eltern gestorben sind, bist du wirklich erwachsen.» Gott ist zwar nicht gestorben, aber seine Gegenwart erleben wir nun in uns selbst, in unseren Herzen, wie jene von Eltern, die wir mit der Erinnerung in uns hereinnehmen, als Teil unserer selbst.

Damit beginnt auch etwas Neues, Grosses. Täuschen wir uns nicht: Die kleine Geschichte aus der Genesis läuft zwar nicht auf strafende oder angstmachende Dogmen von Theologie und Kirche hinaus, zum Glück nicht. Aber sie formuliert eine tiefe Erfahrung, eine Dialektik: Die Schöpfung ist das Werk des guten Gottes; aber nun geht ein Riss durch sie. Es ist nicht alles gut. Doch vielleicht ist es gerade dieser Riss, der einen neuen Horizont auftut. In diesem Sinn erzählt der Text keine schreckliche Geschichte, im Gegenteil: Es ist vielmehr eine Geschichte der Verheissung. Die Vertreibung aus dem Paradies ist der Anfang der Poesie und der Freiheit. Und sie lässt uns zu erwachsenen Menschen werden.

Niemand hat diesen Zwiespalt von Verlust einerseits, einem neuen, weiten Horizont andererseits berührender beschrieben als der englische Dichter John Milton. Besonders eindringlich in den letzten Versen seines grossen Epos «Paradise Lost», das verlorene Paradies, einem der Grundwerke der europäischen Literatur.

Adam und Eva schauten hinter sich, sahen
des Paradieses ganze Morgenseite,
eben noch ihr Sitz des Glücks.

Natürliche Tränen vergossen sie, bald abgewischt.
Die ganze Welt lag weit vor ihnen,
Zu wählen ihren Platz zum Bleiben,
die Vorsehung, um sie zu führen.
Hand in Hand gingen sie langsamen Schritts
und tastend durch Eden ihres Wegs allein.
(John Milton, Das verlorene Paradies, Buch 12, Verse 640–649)

Ja, Adam und Eva haben gezögert beim Ausgang aus dem Garten Eden, und sie haben ein bisschen weinen müssen. So wie wir manchmal weinen müssen, wenn wir auf unsere Kindheit zurückschauen. Langsam und tastend gehen Adam und Eva in die Welt hinaus. Sie gehen Hand in Hand und werden dennoch die Einsamkeit erleben. Auch die Einsamkeit der Verantwortung, die zur Freiheit gehört. John Milton war im 17. Jahrhundert einer der Pioniere der Pressefreiheit. Es ist, als ob der überzeugte Protestant Milton dem besorgten Vatergott im Paradies noch widersprechen wollte: Man muss die Menschen nicht behüten vor der Freiheit und vor Wissen, die sie auf falsche Gedanken bringen könnten. Nein, sie sollen selbst entscheiden, nicht als Untertanen, sondern als Gegenüber und als Freunde Gottes.

Denn die Geschichte zwischen Gott und Mensch geht nach der Vertreibung aus dem Paradies weiter. Vielleicht fängt sie nachher überhaupt erst richtig an. Es werden viel schlimmere Dinge geschehen als dieser Biss in eine verbotene Frucht. Kain wird seinen Bruder ermorden, und die Annalen der Geschichte treiben einem manchmal die Tränen in die Augen. Aber es wird auch gute Geschichten geben; der Mensch wird sich von seinem Wissensdrang nicht abbringen lassen, er wird auch befreiende Realitäten schaffen und Schmerzen lindern.

Gott wird immer dabei sein. Und er wird sich in seiner Geschichte mit dem Menschen selbst verändern. «Sieh, der Mensch ist geworden wie unsereiner», sagt Gott halb erschrocken. Diesen Schrecken wird er ablegen. Im Verlauf der Bibel zeigt sich, wie Gott lernen wird, die Nähe zum Menschen neu zu suchen. Auf Majestät, Distanz und Hierarchie wird er immer weniger Wert legen. Er wird schliesslich seine Göttlichkeit im Menschen finden. Und Jesus wird am Horizont etwas Neues sehen. Kein umgrenztes Gärtchen Eden wie am Anfang, sondern ein Gottesreich ohne Mauern. Und die Offenbarung, das letzte Buch der Bibel, beschreibt ein himmlisches Jerusalem, die Wohnung Gottes bei den Menschen, wo kein Tod und kein Leid mehr sein wird. Ein Paradies, in dem Gott uns Menschen auch den Lebensbaum nicht mehr vorenthalten wird.

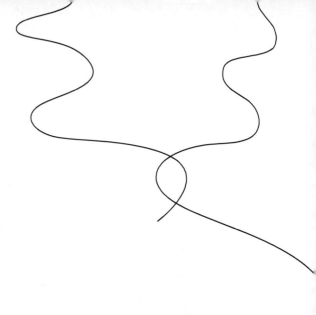

An jeder Stätte, an der ich meinen Namen kundmachen werde,
will ich zu dir kommen und dich segnen. Wenn du mir aber einen
Altar aus Steinen errichtest, so darfst du ihn nicht aus behauenen
Steinen bauen, denn du hast sie mit deinem Meissel bearbeitet
und sie damit entweiht.
Ex 20,24–25

Wenn ihr zu ihm hintretet, zum lebendigen Stein, der von den
Menschen zwar verworfen wurde, bei Gott aber auserwählt
und kostbar ist, dann lasst euch selbst aufbauen als lebendige
Steine zu einem geistlichen Haus.
1Petr 2,4–5

Die Stimme der Turteltaube

Die Texte sprechen beide von Steinen. Aber nicht *nur* von ihnen. Steine werden zu Bildern. Aber sie behalten auch im Bild ihren Charakter; hart wie sie sind, leisten sie Widerstand. Sie wehren sich dagegen, zerkleinert zu werden zu runden Kieseln. Oder zu Gedanken verdünnt zu werden. Einer der grossen Schätze der Bibel ist ihre Nähe zu den Dingen. Sie lässt die Sachen kaum je hinter den Wörtern verschwinden. Selten spricht sie in abstrakten Begriffen.

Auch die Menschen sucht sie meist mitten im Leben. Nicht die Menschheit im Allgemeinen, sondern Frauen und Männer in ihrem Leiden und ihrer Freude, in Grossmut und Kleingeist. Es menschelt in der Bibel an allen Ecken und Enden, auch dort, wo von Gott die Rede ist. Und die Gegenstände und Werkzeuge der antiken Welt lässt sie ganz nahekommen. Mit ihnen prägt sie unvergessliche Sprachbilder. Beispielsweise dichtet der Psalm 68: «Baut eine Strasse dem, der auf den Wolken dahinfährt.» Gott lenkt seinen Wagen über die Strasse des Himmels, die der Mensch baut. Man hört fast schon das Rattern der Räder, den Hufschlag der Pferde, die Hämmer und die Zurufe der Strassenbauer.

Es gibt eine Intimität zwischen Dingen und Menschen, Dingen und Gott. Ihr Sosein, ihre Identität. Dazu passt auch die Anweisung des ersten Textes. Nicht nur Menschen, auch Dinge haben ihren Eigenwillen. Und gerade wenn sie mit Gott in Berührung kommen, soll dieser Wille geschützt werden. «Wenn du mir aber einen Altar aus Steinen errichtest, so darfst du ihn nicht aus behauenen Steinen bauen, denn du hast sie mit deinem Meissel bearbeitet und sie damit entweiht.»

Keine behauenen Steine. Gott sucht nicht die glatte Oberfläche, die perfekte Geometrie. Er hat seine Freude am Geheimnis des Eigenartigen. Vielleicht kann man das mit Worten gar nicht richtig ausdrücken. Am tiefsten hat es sich mir in einem Stück Musik eingeprägt, dem erstaunlichsten Musikstück, das ich kenne. Es ist ein Anthem, anglikanische Kirchenmusik von Henry Purcell zu einem Text aus dem Hohelied, das den kommenden Frühling besingt: Der Feigenbaum treibt die grünen Feigen aus, begleitet von einer Violine, deren Melodie sich dreht und windet, dass man die Mühsal und den Schmerz des Austreibens spürt, wie bei einer Geburt. Und dann tönt die Stimme der Turteltaube im Land. Die Musik imitiert nicht den Gesang des Vogels. Sie zeigt nicht das Vertraute, das wir einordnen können. Nein, sie macht die Seltsamkeit der Welt, die Eigenart, die Individualität dieser Kreatur in einem verstörenden harmonischen Wechsel hörbar. Fast verliert man dabei den Boden unter den Füssen, wie im Flugzeug, in einem Luftloch. Die Begegnung mit der Intensität des Schrägen, mit dem Eigenwillen der Welt erschüttert uns in dieser Musik.

Musik reicht tief. Sie leuchtet auch die Religion mit ihrem eigenen Licht aus. Vertraut ist uns aber eher eine andere religiöse Musik; eine, die das Spezielle im Allgemeinen auflöst, das Schräge in der Ordnung. Eine Musik, die alles Leben in den grossen Bogen einer theologischen Tradition und des Kirchenjahrs stellt. Johann Sebastian Bach ist dafür wohl das berühmteste Beispiel. Er hat mit der Tradition der Polyfonie, der vielstimmigen Musik, das Verständnis des Glaubens, von Gott und Mensch mitgeprägt. Aus den vielen Stimmen scheint mit den Regeln des Kontrapunkts eine komplexe Ordnung auf. Aus dem Chaos leuchtet wie ein Wunder die Harmonie.

Das ist eine grosse Tradition. Purcell selber ist mit der Polyfonie virtuos umgegangen wie Bach selbst. Doch er steht für mich noch für etwas anderes. Purcell öffnete auch in der Theologie noch eine neue Perspektive. Das Allgemeine steht nicht über dem Einzelnen, der gedankliche Zusammenhang nicht über dem Eigensinn des Individuellen.

«Wenn du mir aber einen Altar aus Steinen errichtest, darfst du ihn nicht aus behauenen Steinen bauen, denn du hast sie mit deinem Meissel bearbeitet und sie so entweiht.» Lass für dieses Mal den Stein, wie er ist. Pass ihn nicht in eine Mauer ein. Wenn der Stein für mich bestimmt ist, lass den Meissel beiseite. Versuche, die Geschöpfe und die Dinge wahrzunehmen, wie sie sind, auch in ihrer Fremdheit. Dieser Gedanke eröffnet eine neue Welt, aber er steht quer zum grossen Teil unserer Tradition, nicht nur in der Theologie. Schon in der griechischen Philosophie glaubte man, im Allgemeinen einen Anker gefunden zu haben. Gegenstände und Einzelwesen sind vergänglich. Was bleibt, so glaubte Platon, sind die Ideen, die hinter und über einzelnen Dingen stehen.

Lange Zeit war es eher selten, dass man gegen den Vorrang des Allgemeinen Einspruch erhob. Eine der poetischsten solcher Stimmen war jene des englischen Dichters Gerard Manley Hopkins. Er hatte versucht, die innere Gestalt, den Glanz jedes einzelnen Lebens, jedes Dings zum Leuchten zu bringen. Etwa im Gedicht «Pied Beauty – Gefleckte Schönheit»:

Ehre sei Gott für gesprenkelte Dinge –
für Himmel zweifärbig wie eine gefleckte Kuh;
für rosige Male alle hingetüpfelt auf schwimmender Forelle;
Kastanienfall wie frische Feuerkohlen; Finkenflügel;
Flur gestückt und im Flicken-Feldrain, Brache und Acker;
und alle Gewerbe, ihr Gewand und Geschirr und Gerät.

Alle Dinge verquer, ureigen, selten, wunderlich;
was immer veränderlich ist, scheckig (wer weiss wie?)
mit schnell, langsam; süss, sauer; blitzend, trüb;
was er hervorzeugt, dessen Schönheit wandellos:
Preis ihn.
(Gerard Manley Hopkins, «Gescheckte Schönheit», Reclam jun. Stuttgart 1973, Übersetzung von Ursula Clemen und Friedhelm Kemp, S.35)

Alle Dinge verquer, das ist in der Regel, wie wir die Sachen gerade nicht mögen. Es ist anstrengend, sich mit ihnen zu befassen. Eher passen uns die geraden, einfachen, die wir einordnen können. Dinge, für die wir die Rezepte kennen. So wie wir die Menschen gern pflegeleicht haben, weniger als Individualisten, ohne Ecken und Kanten, keine Querschläger. Und sei es nur, dass ein neu zugezogener Schulkamerad anders redete als die anderen. Er war nicht in meiner Klasse. Aber auch so er fiel er mir mit seinem breiten Berner Dialekt auf. Aber nicht für lange. Er wurde wegen seiner Sprache von Anfang an geplagt. In wenigen Wochen prügelte man seinen Dialekt aus ihm heraus. Das mag ein extremer Fall von Mobbing sein, es ist aber zugleich ein typisches Verhalten von Menschen: Wehe dem, der sich den Konventionen nicht anpasst.

Das Thema des Aussenseiters greift vielleicht auch der Text des 1. Petrusbriefs auf: «Wenn ihr zu ihm hintretet, zum lebendigen Stein, der von den Menschen zwar verworfen wurde, bei Gott aber auserwählt und kostbar ist, dann lasst euch selbst aufbauen als lebendige Steine zu einem geistlichen Haus.» Und auch der alttestamentliche Text über die unbehauenen Steine könnte in den gleichen Zusammenhang gehören. Lebendige Steine sind nicht glatt geschliffene Steine.

Lasst euch selbst aufbauen als lebendige Steine zu einem geistlichen Haus. Ein schönes Bild. Aber passt es zur Kirche, wie sie war und ist? Die Kirche hat wohl hie und da Aussenseitern und Visionären Platz geboten, einem Franz von Assisi etwa. Doch oft überwog der Instinkt der Institution, die auf Anpassung pochte. Für sie war es einfacher, die Menschen über einen Leisten zu schlagen.

Vielleicht hat dafür schon Paulus ein Fundament gelegt: Alle Menschen sind Sünder. Das war ein Steilpass für die Kirche. Er gab der Kirche eine klare Rolle. Sie bekam die Chance, sich als Institution unentbehrlich zu machen, als Vermittlerin des Heils. Dafür schwand der Raum für Individualität. Es gibt in der Religionsgeschichte nichts Vergleichbares: kaum eine Institution, die

die Religiosität und Spiritualität riesiger Gebiete so stark prägte und kontrollierte wie die christlichen Kirchen. Freiheit musste oft gegen die Kirchen und nicht mit ihnen erkämpft werden.

Gewiss, man kann einwenden, das sei alles Schnee von gestern. Schon länger leben wir in einer Zeit des religiösen Pluralismus. Und die Kirchen haben sich gewandelt; manches aus ihrem theologischen Erbe wird kritisch hinterfragt. Und doch: Gerade in einer Zeit, die als Krise der Kirche wahrgenommen wird, gibt es auch die Tendenz, die Reihen zu schliessen. Einheit und Verbindlichkeit sind in manchen Kirchenleitungen wieder mehr gefragt.

Ich muss gestehen, dass ich dem nichts abgewinnen kann. Ja, es gibt eine Sehnsucht nach Gemeinsamkeiten. Doch wenn sich dieser Wunsch auf Gedeih und Verderb an die Institutionen bindet, wird es zum Murks und Machtspiel. Das Abendmahl als grösstes innerkirchliches Politikum ist seit je ein Hebel zur Macht gewesen. Die innere Welt aber gehört jedem einzelnen Menschen.

Im Haus seines Vaters sind viele Wohnungen, sagt Jesus. Ein Satz, der kirchliche Zwangsneurosen lösen könnte. Vielleicht könnte er auch die Blockade der Kreativität lösen, der die Kirche als kulturelle Kraft schon lange lähmt. In der Religion braucht es keine Einheitspartei, keine Disziplinierung, keine *unité de doctrine*. Nein, es braucht unbehauene Steine und Menschen, die in Freundschaft miteinander um die grossen Fragen streiten. Es braucht Menschen, die den Widerspruch stehen lassen, so wie Gott unseren Widerspruch gelten lässt und das Geheimnis unserer Identität liebt.

Dann wird uns auch der Glanz des Seltsamen überraschen, der Eigensinn der Dinge und der Kreaturen. Und vielleicht werden wir die Stimme der Turteltaube hören, fremd und schön.

Alle Bewohner der Erde aber hatten eine Sprache und ein und dieselben Worte. Als sie nun von Osten aufbrachen, fanden sie eine Ebene im Land Schinar und liessen sich dort nieder. Und sie sagten zueinander: Auf, wir wollen Ziegel formen und sie hart brennen. So diente ihnen der Ziegel als Baustein, und der Asphalt diente ihnen als Mörtel. Und sie sagten: Auf, wir wollen eine Stadt bauen und einen Turm, dessen Spitze bis an den Himmel reicht, und uns so einen Namen machen, damit wir uns nicht über die ganze Erde zerstreuen. Da stieg der HERR herab, um die Stadt zu besehen und den Turm, die die Menschen bauten. Und der HERR sprach: Sieh, alle sind ein Volk und haben eine Sprache. Und dies ist erst der Anfang ihres Tuns. Nun wird ihnen nichts mehr unmöglich sein, was immer sie sich zu tun vornehmen. Auf, lasst uns hinabsteigen und dort ihre Sprache verwirren, dass keiner mehr die Sprache des andern versteht. Und der HERR zerstreute sie von dort über die ganze Erde, und sie liessen davon ab, die Stadt zu bauen. Darum nannte man sie Babel, denn dort hat der Herr die Sprache aller Bewohner der Erde verwirrt, und von dort hat der HERR sie über die ganze Erde zerstreut.
Gen 11,1–9

Singt dem HERRN ein neues Lied
Psalm 96,1

Erstarrte Lava

«Singt Gott ein neues Lied.» Das ist ein Satz, der uns auch ein wenig schmeichelt. Wir sind fähig zu Neuem, und Gott ist, so deutet der Psalm an, neugierig auf neue Melodien, neue Worte von uns Menschen. Ein Satz, der uns ans Herz legt, dass zwischen Gott und Mensch keine Einbahnstrasse verläuft. Es ist ein Hin und Her. Neues in die Welt zu bringen, ist Sache Gottes *und* des Menschen.

Doch mögen beide, Gott und Mensch, das Neue wirklich? Beschleicht uns nicht manchmal das Gefühl, dass sie, Gott und Mensch, sich gegenseitig wenig anregen und zu neuen Ideen inspirieren? Dass sie einander sogar eher in die Speichen greifen, statt das Velo anzustossen? Sodass Gott den Menschen bremst und der Mensch Gott? Gewiss, am Anfang der Bibel ist viel Neues. Doch schon bald harzt es: im Familiendrama, in dem Gott seine Kinder aus der gemeinsamen Wohnung des Gartens Eden schickt; in der grossen Sintflut, die nur wenige überleben. Die Menschen sind böse im Herzen, und Gott wird zornig.

Ja, es harzt zwischen Gott und Mensch. Das typischste Beispiel in der Bibel ist vielleicht die Geschichte vom Turmbau zu Babel: Die Menschen bauen die erste Stadt. Was hat die Geschichte der Menschen so sehr in Fahrt gebracht wie die Stadt? Die Menschen brennen Ziegel und hantieren mit Asphalt. Sie wagen sich an einen Turm, der bis in den Himmel reicht. Was für ein Schub an Innovationen, an Kreativität! Was für ein Raum der Sehnsucht: die grossen Städte: Jerusalem, London, New York! Was für ein Raum der Freiheit für die, die aus dem Dorf kommen, wo man sich immer kontrolliert fühlte. Die Stadt hat ein grosses Herz, sie lässt uns ein neues Leben ausprobieren.

Und ausgerechnet da zieht Gott die Bremse. Er besichtigt das Werk seiner Geschöpfe und bekommt es mit der Angst zu tun: Wo kämen wir denn hin, wenn es so weiterginge? In dieser neuen Welt der Stadt wird den Menschen nichts mehr unmöglich sein. Es erinnert einen ein bisschen an die Vertreibung aus dem Paradies: «Sieh, der Mensch ist geworden wie unsereiner» (Gen 3,22).

Neues macht Angst, manchmal auch dem Gott der Bibel. Die Religionswissenschaft spricht davon, dass es in der Bibel eine eigene Tradition gegen die Städte, gegen die Urbanität und ihren Hang zum Neuen gibt. Manchmal hat man das Gefühl, diese Tradition sei in der Kirche zu dominant geworden.

Das biblische Gotteswort ist immer auch ein Menschenwort. Nie nimmt es uns die Entscheidung ab, wie wir uns dazu stellen, nie nimmt es uns die Aufgabe ab, auch kritisch mit ihm umzugehen. Wie könnten wir sonst die Verheissung, die grosse Hoffnung der Stadt aufnehmen, die in der Bibel eben auch vorkommt? Die Geschichte von Gott und Mensch in der Bibel ist doch ein Hin und Her, ein Theaterstück mit wechselnden Rollen, ein Rechten und Streiten, in dem sich alle verändern, Mensch und Gott.

Wird damit jetzt wieder alles versöhnt, was nicht zusammenpasst? Entsteht ein friedlich-harmloser Einheitsbrei von Stadt und Land, von Neuem und Tradition? Haben irgendwie alle Recht? Nein. Eher möchte ich für das neue Lied, von dem Psalm 96 spricht, eine Lanze brechen. Auch, wenn ich von der Angst vor dem babylonischen Turm spreche.

Das neue Lied und die Angst vor dem neuen Turm, beide stehen sie in der Bibel, beide gehören sie zu uns Menschen. Im Grund, so denke ich manchmal, erzählen wir immer wieder die Geschichte vom Turmbau zu Babel, nicht nur in der Bibel. Ach, immer diese neuen Lieder, immer diese Ideen, die das Leben komplizierter machen; immer diese neuen Wörter, die wir nicht verstehen. Kann Kreativität nicht auch masslos werden?

Eine Geschichte davon hat der Schweizer Schriftsteller Peter Bichsel erzählt. Sie handelt von einem alten Mann, zu müd zum Lächeln und zu müd, um böse zu sein. Er führt ein einsames und eintöniges Leben in einer Dachwohnung. Bis ihn eines Tages eine grosse Wut packt: Es muss sich etwas ändern, jetzt. Doch immer sitzt er am selben Tisch, auf denselben Stühlen. Und dem Tisch sagt er Tisch, den Stuhl nennt man Stuhl. Und das Bett heisst Bett. «Weshalb heisst das Bett nicht Bild?», fragt sich der Mann und lächelt. Dann lacht er laut heraus. Und so beginnt ein grosses Projekt, das nur ihm gehört: die Veränderung der Welt durch die Sprache. Dem Bett sagt er nun Bild, dem Tisch sagt er Teppich, dem Stuhl sagt er Wecker, dem Morgen Mann, dem Mann Fuss und so fort. Auch die Verben vertauscht er: läuten heisst jetzt stellen, frieren ist schauen. Und die Sätze des alten Mannes beginnen, Purzelbäume zu schlagen: Am Mann blieb der alte Fuss lange im Bett läuten, um neun stellte das Fotoalbum, der Fuss fror auf und blätterte sich auf den Schrank, damit er nicht an die Morgen schaute.

Die Sprache im Schüttelbecher. Kinder lieben diese Geschichte, weil sie die Welt so spielerisch neu zusammensetzt und wegen der puren Freude an den alten Wörtern, die plötzlich ganz neu daherkommen. Mir scheint, dass man auch Peter Bichsel die Freude und Lust anmerkt, die ihn beim Schreiben unwiderstehlich überkam.

Doch dann kommt ein grosses Aber: Eine lustige Geschichte ist das nicht, sagt der Erzähler, und es legt sich wie Raureif auf das Grün der Fantasie. Wie wenn das nicht sein dürfte, die Freude am Spiel mit Möglichkeiten, die Lust an der neuen Sprache. Der alte Mann in der Geschichte vereinsamt, weil ihn niemand mehr versteht mit seiner Privatsprache. Gewiss, Bichsels erzählerische Wende hat auch ihr Recht: Sprache ist nie nur die Sache eines Einzelnen. Sie ist die Schöpfung einer Gemeinschaft. Und eine neue Sprache bildet sich nicht am Schreibtisch, sondern in unzähligen Begegnungen, in denen man die Bedeutung der Wörter unbewusst miteinander aushandelt.

Und doch: Wenn ich die Geschichte lese oder Kindern vorlese, habe ich das Gefühl, dass Peter Bichsel sich plötzlich gegen seine eigene Kreativität wendet, gegen die neuen Wörter, gegen die neuen Lieder. Das Lachen der Kinder verstummt. Ist das vielleicht auch ein wenig protestantisch, diese Notbremse, dieses Misstrauen, dem Spiel freien Lauf zu lassen? Die Erzählung trägt den fast mürrischen Titel «Ein Tisch ist ein Tisch». Als müsste das von Anfang an klar gemacht werden, diese Absage an das Sprachspiel, an die Kreativität, an die Vieldeutigkeit der Sprache. So wie in der Geschichte vom Turmbau von Babylon die Vielfalt der Sprachen eine Verwirrung ist, eine Strafe, eine Strategie, die Menschheit zu entzweien, zu schwächen, eine Warnung vor allem Neuen.

Wäre dies das einzige Wort der Bibel, dann wäre sie ein statisches Buch. Ein Buch, das den Istzustand zementiert. Ein Buch, das nur von Fakten erzählt. Ein Faktum, das ist von seinem lateinischen Wortsinn her das, was getan ist, was fertig und erledigt ist. Die Welt der Vergangenheit. Fakten sind die erstarrte Lava der Wirklichkeit. Gewiss, wir brauchen sie, um uns mit der Welt auseinanderzusetzen, wie sie ist. Etwa in der Wissenschaft. Sonst würden uns unsere Erkenntnisse ständig zwischen den Fingern zerrinnen. Um etwas zu verstehen, müssen wir die Welt für einen Moment anhalten.

Vielleicht braucht auch die Religion manchmal etwas Stabilität, etwas, woran man sich halten kann. Aber noch mehr braucht sie die neuen Lieder, von denen der Psalm spricht. Vielleicht ist es kein Zufall, dass es ein Amerikaner des 19. Jahrhunderts war, der besonders beredt von diesen Liedern gesprochen hat, ein Philosoph der neuen Welt jenseits des Atlantiks, Ralph Waldo Emerson.

Emerson beschreibt sein eigenes Zeitalter als Epoche des Rückblicks. Es baut die Grabmäler der Väter. Es schreibt Biografien und Geschichtsbücher. Frühere Generationen schauten Gott und Natur direkt ins Gesicht. Warum sollten wir nicht auch direkt und wie am Ursprung mit dem Universum verkehren? «Warum sollten wir nicht eine Poesie und Philosophie der Entdeckung haben und nicht der Tradition, eine Religion, die sich uns offenbart und nicht eine Geschichte der Offenbarungen unserer

Ahnen» (Ralph Waldo Emerson, Natur)? Warum sollten wir zwischen den Knochen der Vergangenheit herumtappen oder die heutige Generation in eine Maskerade verblasster Kleider stecken? Die Sonne scheint auch heute. Es gibt neue Länder, neue Menschen, neue Gedanken.

Wie amerikanisch, mögen wir denken, vielleicht auch: wie naiv dieser Versuch, die Vergangenheit beiseite zu schieben und anzufangen wie am ersten Tag. Vielleicht aber auch: wie biblisch, wie christlich, und wie inspirierend! Keine Angst vor Babylon!

Eines der Grundprinzipien der Reformation war die Bibel allein, die Schrift allein, *sola scriptura*. Das war damals ein revolutionärer Gedanke, der sich gegen die Macht der kirchlichen Hierarchien wandte. Alle sollten die Bibel selbst in ihrer Sprache lesen können. Die intensive Beschäftigung mit diesem Buch hat dem Protestantismus eine eigene Schönheit gegeben. Doch wer *nur* die Bibel gelten lassen will, macht sie auch zum Museum. Die Geschichte von Gott und Menschen wäre dann fertig geschrieben. Was nach der Bibel kommt, ist Fussnote. Die Bibel selbst aber wird zu so einer Sammlung von alten Fakten, abgeschnitten von unserer Fantasie, tot, auch wenn es um Heilsfakten geht. Manchmal kann die Bibel dann gar wie ein antiquarisches Allerlei von Kuriositäten erscheinen.

Niemand, der an den Büchern der Bibel mitschrieb, hat es so gemeint. Niemand von ihnen sah sein Wort als das letzte Wort von Gott und Mensch. Im Gegenteil, die Bibel weist selbst über sich hinaus. «Singt Gott ein neues Lied!» Es braucht neue Wörter, neue Sprachen, neue Gedanken. Keine Angst vor Babylon!

Gleichberechtigung und Menschenrechte sind keine biblischen Wörter, und doch wollen wir gerade als Christen nicht auf sie verzichten. Und Christinnen und Christen, die im 19. Jahrhundert gegen die Sklaverei kämpften, mussten dazu die Bibel weiterdenken. Die Bibel ist kein Safe des rechten Glaubens. Sie ist ein Türöffner für neue Lieder, neue Wörter. Ein Tisch ist ein Tisch, sagt Peter Bichsel. Ich bin mir da nicht so sicher.

Alles ist möglich dem, der glaubt.
Mk 9,23

Wohnen in der Möglichkeit

«I dwell in possibility – Ich wohne in der Möglichkeit.» So beginnt ein berühmtes Gedicht von Emily Dickinson. Der Vers begleitet mich seit vielen Jahren. Er weckt in mir die Sehnsucht, *auch* in dieser Wohnung zu leben. Und ich kann ihn nicht vergessen, wenn ich an den grossen Satz «Alles ist möglich dem, der glaubt» aus der seltsamen, komplizierten, wilden biblischen Geschichte aus dem Markusevangelium (Mk 9,17–27) denke.

Vielleicht aber muss man zuerst einige Brocken wegschieben, die den Zugang zu dieser Wundergeschichte verbauen können. Da ist zunächst einmal die Krankheit des Jungen. Sie wird in der Geschichte selbst zwar intensiv und präzis beschrieben. Aber sie wird gerade nicht als Krankheit verstanden. Von einem Geist soll der Bub besessen sein.

Das kann und will man heute nicht mehr so sehen, und zu Recht. Wir müssen nicht zweitausend Jahre ungeschehen machen, um uns dem Weltbild der Antike anzupassen. Der Glaube an böse Geister gehört in eine andere Zeit, nicht mehr zu uns. Auch Jesus würde wohl heute nicht mehr so sprechen. Wenn man ihn und seine Wunder zu verstehen sucht, setzt man vielleicht besser dort ein, wo er sich von den Wundertätern seiner Zeit unterscheidet, von denen es damals viele gegeben hat. Jesus unterscheidet sich nicht dadurch, dass seine Wunder imposanter, grösser gewesen wären, sondern dass sie immer zum Wohl der Menschen geschehen. Jesus vollbringt zum Beispiel keine Strafwunder, wie sie sonst gang und gäbe waren. Seine Wunder sind schöpferisch, nicht destruktiv. Das ist ihre Aussage. Entscheidend ist ihre Qualität, nicht ihre Wucht und Grösse.

In diesem Sinn gehören die Wunder Jesu in eine Linie mit der Kreativität findiger Menschen, die anderen helfen, damals und

heute. Ich stelle mir gern vor, dass Jesus von den Möglichkeiten
der modernen Medizin fasziniert gewesen wäre. Denn Ärztinnen
und Ärzte arbeiten am grossen Menschheitsprojekt von Jesus
mit: das Leiden der Menschen zu mindern. Sie versuchen, den
Tod zurückzudrängen und die Grenzen des Menschenmöglichen
zu verschieben, und, ja, sie schaffen neue Realitäten, gute Wirklichkeiten. Und hie und da vollbringen sie tatsächlich Wunder,
wie es dankbare Patienten oft sagen. Ich selber verdanke mein
Überleben als Kleinkind, so wird es in der Familie erzählt, einem
medizinischen Wunder.

Und doch: Könnte die Medizin den grossen, schwierigen Satz
Jesu unterschreiben: «Alles ist möglich dem, der glaubt»? Wahr-
scheinlich nicht ohne Weiteres. Sicher, sie würden der Einstel-
lung des Patienten einiges zutrauen. Positives Denken wird heute
grossgeschrieben, und nicht zu Unrecht. Doch ich glaube nicht,
dass Jesus nur das meinte.

Was aber *ist* gemeint? Welche Möglichkeiten, welcher Glaube? Manche Theologen tun sich mit diesem Glauben schwer, mit
dieser Kombination von Glauben und Möglichkeit.

Glaube kann hier nicht das bedeuten, was wir sonst meist
darunter verstehen. Die Kirche predigt seit fast zweitausend Jahren nicht so sehr den Glauben, der in der Verkündigung von Jesus
und in seinen Geschichten zum Ausdruck kommt. Die Kirche
selbst ist erst mit Ostern entstanden. Ihre Perspektive ist nachös-
terlich. Sie setzt Tod und Auferstehung Jesu voraus. Ihr geht es
nicht um den Glauben *von* Jesus, sondern um den Glauben *an*
den gekreuzigten und auferstandenen Jesus Christus, an sein
Erlösungswerk, durch das er die Menschen in seinem Tod und in
seiner Auferstehung erlöst hat.

Das birgt die Gefahr, dass daneben die Impulse von Jesus
selbst vergessen gehen. Sein Blick geht *nicht zurück* auf sein
Heilswerk, sondern in die Zukunft. Es geht in dieser Geschichte
nicht um den Glauben an etwas Gegebenes, etwas Vergangenes,
an eine Tatsache, und sei es eine Heilstatsache, eine Heilsge-
schichte. Der Glaube, den Jesus hier meint, hängt vielmehr mit

dem Möglichen zusammen, von dem er spricht. Nicht mit der Vergangenheit, sondern mit der Zukunft. An diese Verknüpfung sind wir nicht gewöhnt. Glauben nicht an das, was ist, sondern an das, was sein könnte. Das ist ein Gump, ein Sprung. Ich wohne in der Möglichkeit, sagt Emily Dickinson. Das muss eine Wohnung sein, die immer wieder umgebaut wird. Wer an das Mögliche glaubt, dem wird es nicht langweilig. Und es ist, so sagt Emily Dickinson, eine Wohnung mit vielen Fenstern.

Vielleicht ist es kein Zufall, dass uns bei einem solchen Glauben weniger die Theologie weiterhelfen kann als die Poetinnen und Poeten. Die Welt der Poesie aber und auch die Welt Jesu, ist die Möglichkeit; nicht die Wirklichkeit, nicht der Rahmen, der Grenzen vorgibt. Auch nicht das, was aus Tatsachen abzuleiten wäre, aus dem Zustand unserer Erde, aus dem, was schon gewesen und geschehen ist und was uns festlegt. Ihnen geht es nicht um die Analyse des Bisherigen, sondern um die neue Schöpfung, um den Sprung, der alles neu macht.

Der Satz «Wer glaubt, dem ist alles möglich» heisst eben nicht bloss: Wer glaubt, kann alles. Sondern: Wer glaubt, dem erscheint alles möglich. Wer auf die neue Schöpfung setzt, dem erscheint alles möglich. Die Welt ist dann keine feste Struktur, sondern eine Einladung zur Kreativität. Dieser Glaube macht den Horizont weit, und er lässt uns freier atmen. Es ist die Weite, die Jesus in seinen Gleichnissen und Geschichten vom Gottesreich auftut.

Unsere Vergangenheit zum Beispiel muss unser Leben nicht bestimmen, auch wenn wir verschleudert haben, was wir auf den Lebensweg mitbekommen haben wie der verlorene Sohn im Gleichnis. Auch unsere Herkunft muss unser Leben nicht bestimmen, und auch nicht unser Geschlecht.

Vielleicht spricht auch darum Emily Dickinson so beredt von der Möglichkeit: Den Frauen wurden während Jahrhunderten Lebensmöglichkeiten abgesprochen. Es gab immer tausend Gründe, warum Frauen dies oder jenes nicht tun sollten. Die Biologie war lange ein Argument, das Debatten verstummen und Ideen ersticken liess, das viele Frauen auf ein eingeschränktes

Leben festnagelte. Sie seien, so sagte man, schwach, wankelmü-
tig, zu emotional und ohnehin mit dem Kinderkriegen ausgelas-
tet. Dass die festen Geschlechterbilder in den letzten Jahrzehn-
ten infrage gestellt wurden, ist eine Befreiung, eine Öffnung auf
neue Möglichkeiten hin. Emily Dickinson spricht von den Türen
ihrer Wohnung. Man kann hineingehen, aber auch wieder hinaus, wenn der Raum zu eng wird. Ich glaube, dass viele Frauen
heute diesen Befreiungsschritt getan haben.

Das bedeutet aber nicht, dass es nun keine Ideologien mehr
gäbe, die den Menschen klein machen wollen. Zu allen Zeiten
wurde und wird viel Energie und viel Druckerschwärze darauf
verwendet, die Menschen in ihre Schranken zu weisen, ihnen
ihre Grenzen vorzuhalten. «Das war immer so», bedeutet dann:
Es wird nie anders sein. Und wenn es doch Veränderungen gibt,
dann sind sie meistens zum Schlechten. Versuch es lieber gar
nicht. Diese Stimmen möchten den Status quo in die Zukunft
fortschreiben und verewigen. Und sie sprechen den Menschen oft
rundweg die Freiheit ab, Neues zu schaffen, schöpferisch zu sein.

Das ist auch in den Wissenschaften durchaus en vogue. Etwa
unter Naturwissenschaftlern, die sagen, die Chemie des Gehirns
mache uns zu Automaten. Oder unter jenen Historikerinnen und
Historikern und Literaturwissenschaftlern, die in jedem Doku-
ment nur das sehen wollen, was zu seiner Zeit ohnehin gang und
gäbe war. Nach dem Motto: Nichts Neues unter der Sonne. Gegen
diesen Stillstand rebellieren Dichterinnen und Dichter, und sie
haben schon immer in den Jesusworten und seinen Geschichten
einen heimlichen Bündnispartner gefunden.

Ich höre den Einwand: Verliert die Poesie nicht den Kontakt
zur Wirklichkeit? «Wenn das Wörtchen wenn nicht wär, wär
mein Vater Millionär», sagt eine Redensart. Und wer Hoffnungen hegt und damit scheitert, der erntet mit Sicherheit zynische
Kommentare. Doch im kleinen Wörtchen «wenn» steckt tatsächlich viel Kraft. Es ist auch die Kraft zum Neuen, zum Möglichen:
Und wenn ich nun auch noch ganz anders leben könnte, als ich
es tue? Und wenn die Welt noch ganz anders aussehen könnte?

«Ich glaube, hilf meinem Unglauben», sagt der Vater des Jungen in der Geschichte. Ja, wir brauchen Ermutigung und Anregung zur Möglichkeit. Jesus ist eine starke Quelle dieser Ermutigung – und auch seine geheimen Verbündeten, die Poetinnen und Poeten. Mit ihren Bildern gehen sie dabei bis an die Grenzen dessen, was Sprache zu sagen vermag – und vielleicht darüber hinaus. «And for an everlasting roof the gambrels of the sky» (und als ewig während es Dach die Giebel des Himmels) schreibt Emily Dickinson in diesem Gedicht. Was für ein Paradox! Das Wesen des Himmels ist doch, dass er kein Dach hat. Jedenfalls keinen Deckel. Und doch wird dort offenbar gebaut, Neues geschaffen, von Gott und Menschen. Vielleicht kann man sich ja die Giebel des Himmels und die Worte von Jesus als Skizzen dafür vorstellen, als feine Tuschzeichnungen, mit denen die Zukunft ihre Schatten auf unsere Gegenwart wirft.

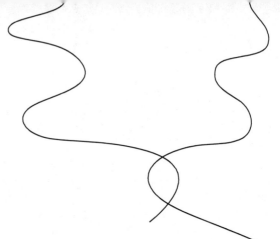

Wenn ich mit Menschen- und mit Engelszungen rede, aber keine Liebe habe, so bin ich ein tönendes Erz, eine lärmende Zimbel. Und wenn ich die Gabe prophetischer Rede habe und alle Geheimnisse kenne und alle Erkenntnis besitze und wenn ich allen Glauben habe, Berge zu versetzen, aber keine Liebe habe, so bin ich nichts. Und wenn ich all meine Habe verschenke und meinen Leib dahingebe, dass ich verbrannt werde, aber keine Liebe habe, so nützt es mir nichts. Die Liebe hat den langen Atem, gütig ist die Liebe, sie eifert nicht. Die Liebe prahlt nicht, sie bläht sich nicht auf, sie ist nicht taktlos, sie sucht nicht das ihre, sie lässt sich nicht zum Zorn reizen, sie rechnet das Böse nicht an, sie freut sich nicht über das Unrecht, sie freut sich mit an der Wahrheit. Sie trägt alles, sie glaubt alles, sie hofft alles, sie erduldet alles. Die Liebe kommt niemals zu Fall: Prophetische Gaben – sie werden zunichte werden; Zungenreden – sie werden aufhören; Erkenntnis – sie wird zunichte werden. Denn Stückwerk ist unser Erkennen und Stückwerk unser prophetisches Reden. Wenn aber das Vollkommene kommt, dann wird zunichte werden, was Stückwerk ist. Als ich ein Kind war, redete ich wie ein Kind, dachte wie ein Kind, überlegte wie ein Kind. Als ich aber erwachsen war, hatte ich das Wesen des Kindes abgelegt. Denn jetzt sehen wir alles in einem Spiegel, in rätselhafter Gestalt, dann aber von Angesicht zu Angesicht. Jetzt ist mein Erkennen Stückwerk, dann aber werde ich ganz erkennen, wie ich auch ganz erkannt worden bin. Nun aber bleiben Glaube, Hoffnung, Liebe, diese drei. Die grösste unter ihnen aber ist die Liebe.
1Kor 13,1–13

Ist die Liebe die Grösste?

Ich hatte einmal eine Diskussion darüber, was eigentlich der Kern des Christentums sei. Eine Kollegin sagte ohne zu zögern: natürlich die Liebe! Ich widersprach ihr, vielleicht aus Widerspruchsgeist und um die Diskussion ein bisschen länger am Kochen zu halten. Wenn ich den grossen Text von Paulus lese, kann aber auch ich fast nicht anders, als mit seiner Poesie mitzuschwingen, so wie die vielen Paare, die an ihrem Traugottesdienst tief bewegt auf Korinther 13 hören und ihn als Inspiration für ihre Leben und ihre Liebe nehmen. «Nun aber bleiben Glaube, Hoffnung, Liebe, diese drei. Die grösste unter ihnen aber ist die Liebe.» Auch ich möchte natürlich nicht auf diese Worte verzichten, auch ich wünsche mir kein liebloses Christentum.

Und doch bleibt ein Unbehagen, nicht nur bei mir. Eine Pfarrerin zum Beispiel erzählte mir, sie lasse in Traugottesdiensten jeweils eine Passage dieses Textes weg, nämlich diese: «Die Liebe trägt alles, sie glaubt alles, sie hofft alles, sie erduldet alles.» Sie erduldet alles. Wessen Liebe ist das? Wer erduldet alles? Ist es in einer Beziehung die immer gleiche Person, die nachgibt? Eine Liebe, die sich ausnützen lässt?

Und wird mit dem Wort nicht auch viel emotionale Erpressung betrieben? Nicht nur in einer Partnerschaft, sondern zum Beispiel auch zwischen den Generationen, zwischen Eltern und Kindern. «Du liebst mich nicht, wenn du das sagst. Das tut mir aber schon weh, wenn du nicht gleicher Meinung bist wie ich, wenn du mir nicht gehorchst.»

Und das geht über den privaten Rahmen, über den Raum der Familie hinaus. Manchmal scheint mir, dass die Kirche besonders anfällig ist für diese Art von Manipulation. Etwa wenn Kirchenfürsten fast etwas weinerlich klagen, wie sehr sie unter den

Spaltungen der Kirche leiden. Geht es ihnen nicht viel eher um die Einschränkung ihrer Macht? Und das ist nicht nur ein katholisches Problem.

Theologinnen und Theologen versuchen es zu entschärfen. Sie weisen gern auf eine sprachliche Unterscheidung hin, die es im Deutschen nicht gibt, wohl aber im Griechischen: Es kennt zwei Wörter für die Liebe; zum einen den Eros, die geschlechtliche Liebe, zu der das Begehren gehört. Das Wort umfasst über das Sexuelle hinaus alles, was wir uns für uns selbst wünschen. Und dann gibt es aber auch das Wort Agape, das ein selbstloses Wohlwollen meint. Die Unterscheidung der beiden Wörter leuchtet ein. Aber lassen sich die beiden wirklich so säuberlich trennen, Körper und Geist, Begehren und selbstlose Freundlichkeit? Ich denke nicht. Und ich glaube, dass der Paulustext kritisches Nachdenken braucht. Ist die Liebe wirklich die Grösste? Ist die Liebe allein genug? Oder braucht sie auch ein Widerlager oder sogar mehrere, damit sie nicht einfach neue Abhängigkeit schafft? Ja, diese Widerlager sind wichtig. Und es gibt sie in der Bibel reichlich, auch bei Paulus selbst.

Paulus ist kein starrer Theologe, der sich an Prinzipien orientiert. Er stellt zwar oft den Glauben an den gekreuzigten und auferstandenen Jesus Christus und sein Erlösungswerk ins Zentrum. Doch Paulus spricht in immer wieder andere Situationen hinein. Und oft lässt er sich von ihnen und auch von seiner Rhetorik forttragen, vielleicht nie so stark und so mitreissend wie in Korinther 13.

Immerhin nennt Paulus auch hier nicht *eine*, sondern *drei* Gaben; neben der Liebe stehen Glaube und Hoffnung. Und man könnte sehr wohl eine spannende Diskussion darüber anfangen, ob die Liebe tatsächlich grösser sei als die Hoffnung. Für die Jünger Jesu zum Beispiel mag die Hoffnung, die ihnen in seinen Worten begegnete, das Grösste gewesen sein. Das Gottesreich ist uns ganz nahe. Und es macht alles möglich. Es muss nicht immer so weitergehen wie bis jetzt. Wir dürfen noch etwas anderes erwarten als die Schöpfung, wie sie ist, mit dem Riss, der durch sie geht, im Leiden und im Tod. Ist nicht das die Mitte des Christentums, diese Erwartung, diese Hoffnung?

Und dann ist da noch etwas, was in die Mitte des christlichen Glaubens gehört, auch bei Paulus selbst. Ich möchte es aber zunächst mit einer kleinen, berühmten Geschichte aus der griechischen Antike sagen. Die Anekdote handelt vom Philosophen Diogenes von Sinope, bei uns auch bekannt unter dem Namen Diogenes im Fass. Der Name weist auf seine Bedürfnislosigkeit hin, auf seine freiwillig gewählte einfache Unterkunft und Lebensweise, die manchmal die Grenze zur Schamlosigkeit überschritt. Man nannte ihn deshalb auch den Hund.

Letztlich ging es Diogenes um die Unabhängigkeit von allen Konventionen, von allen äusseren Zwängen. Als sich Alexander der Grosse, einer der mächtigsten Männer der Antike, einmal im Ort aufhielt, wo Diogenes lebte, erwartete der Feldherr, dass ihm auch Diogenes seine Aufwartung mache. Der aber blieb, ohne sich um Alexander zu kümmern, bei seiner Behausung. Daher begab sich Alexander zu Diogenes, der gerade an der Sonne lag. Als aber so viele Leute auf ihn zukamen, reckte er sich ein wenig in die Höhe und sah Alexander an. Dieser grüsste ihn freundlich und sagte: «Du darfst dir etwas von mir wünschen.» Diogenes antwortete nur: «Geh mir ein wenig aus der Sonne!» Von dieser Antwort soll Alexander so beeindruckt gewesen sein und den Stolz des Mannes so sehr bewundert haben, dass er ausrief: «Wäre ich nicht Alexander, möchte ich Diogenes sein!»

Das ist eine starke Geschichte von einem starken Menschen. Einem Menschen, der sich nicht kaufen und nicht manipulieren lässt. Ein Mensch, dem seine Freiheit das grösste Gut ist. Und ich kann nicht anders, als auch an Diogenes zu denken, wenn ich diese Hymne an die Liebe lese. Kann man als Christin, als Christ diese Liebe zur Freiheit nur als heidnischen Hochmut deuten? Als Traum von einer Unabhängigkeit, die immer nur Illusion ist? Ist ein Nein zur Freiheit die Sicht des Christentums? Schlimm, *wenn* es so wäre. Schlimm, *dass* die Kirchen, vor allem die grossen, die Freiheit immer wieder unter Generalverdacht gestellt haben.

Dabei gibt die Bibel ganz andere Impulse, auch und gerade Paulus selbst. Ich möchte darum einen anderen Paulustext seinem Hohelied der Liebe zur Seite stellen. Es ist fast schon ein Hohelied der Freiheit. Vielleicht hat überhaupt noch nie jemand so von der Freiheit gesprochen wie Paulus im Galaterbrief, mit einem Horizont, der die Zeiten umspannt.

«Da nun der Glaube gekommen ist, sind wir keinem Aufpasser mehr unterstellt», schreibt Paulus. «Denn ihr seid alle Söhne und Töchter Gottes durch den Glauben in Christus Jesus. Ihr alle nämlich, die ihr auf Christus getauft wurdet, habt Christus angezogen. Da ist weder Jude noch Grieche, da ist weder Sklave noch Freier, da ist nicht Mann und Frau. Denn ihr seid alle eins in Christus Jesus» (Gal 3,25–28). Und Paulus doppelt nach: «Zur Freiheit hat uns Christus befreit! Steht also fest und lasst euch nicht wieder in das Joch der Knechtschaft einspannen» (Gal 5,1).

Da nun der Glaube gekommen ist, sind wir keinem Aufpasser mehr unterstellt. Der Glaube selbst ist kein Kontrollfreak, sondern ein Befreier. Er stellt uns nicht in Reih und Glied, er passt uns nicht ein in ein Schema. Er überwältigt uns nicht, er erpresst uns nicht, auch nicht mit dem Vokabular der Liebe. Auch die Liebe soll die Freiheit lernen: lernen, einander die Freiheit zu lassen. Gerade auch darin erweist sich die Liebe.

Ja, es gibt auch das in der Geschichte des Christentums: fast schon eine Scheu, einander zu nahe zu treten, sich einzuschränken; es gibt eine grosse Achtung vor dem Geheimnis, das jeder andere Mensch für uns ist. Ein Bewusstsein: Er gehört uns nie ganz. Zum Beispiel beim amerikanischen Romancier Henry James. Kaum ein anderer Schriftsteller hat so intensiv wie er den feinsten Regungen der Seele nachgespürt – und zugleich den Respekt vor ihrem Geheimnis bewahrt. «Sag nie, dass du das letzte Wort über die Seele eines Menschen weisst», schrieb Henry James (Henry James, «Louisa Pallant»).

Er soll in seinen späten Jahren niemandem mehr einen Rat gegeben haben, aus Scheu davor, seine Freiheit einzuengen. Nur einen Satz gestattete er sich im intimen Gespräch: «Lass deine

Seele leben.» Diese Behutsamkeit mag einem zu weit gehen. Aber Henry James wusste, dass es auch Distanz braucht, um Raum zur Freiheit zu geben. Das will uns nicht so leicht über die Lippen. Und es ist manchmal nicht einfach: nicht einfach für Eltern, die ihre Kinder gehen lassen müssen, nicht einfach für Paulus, der durchaus einen Hang dazu hatte, seine Hörer zu überwältigen und zu manipulieren, nicht für jenen Paulus, der selbst auch immer wieder hinter seinen grossen Sätzen über die Freiheit zurückblieb.

Bei der Diskussion über den Kern des Christentums, von der ich am Anfang erzählte, habe ich nicht für die Liebe plädiert, sondern für die Freiheit. Gerade darum, weil mich viele Leute erstaunt und befremdet anschauen, wenn ich sage, dass in der Freiheit das Herz des Christentums schlägt. Tatsächlich hängt auch für Paulus alles an ihr.

Und die Liebe? «Die Liebe soll die Freiheit lernen», habe ich gesagt. Aber umgekehrt gilt auch: Die Freiheit kann die Liebe lernen. «Die Liebe hat den langen Atem», das ist vielleicht der schönste Satz in Korinther 13. Gerade weil er den Hochdruck von der Liebe wegnimmt und der Freiheit ein weites Tor öffnet, die grosse Hoffnung auf das Neue, das kommt.

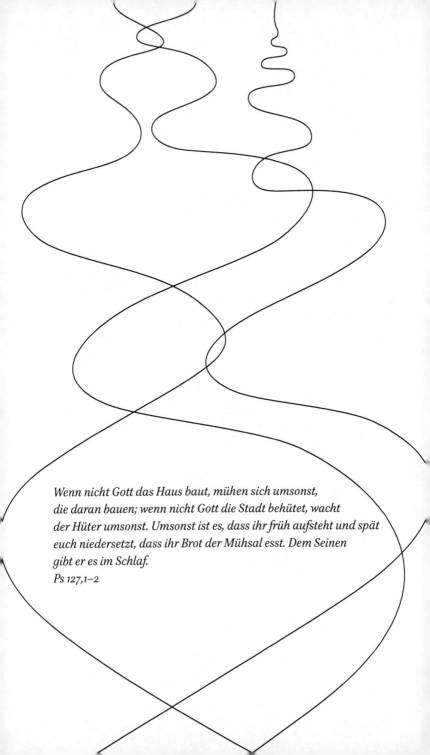

Wenn nicht Gott das Haus baut, mühen sich umsonst,
die daran bauen; wenn nicht Gott die Stadt behütet, wacht
der Hüter umsonst. Umsonst ist es, dass ihr früh aufsteht und spät
euch niedersetzt, dass ihr Brot der Mühsal esst. Dem Seinen
gibt er es im Schlaf.
Ps 127,1–2

Im Schlaf

Dem Seinen gibts der Herr im Schlaf. Meine Mutter hat diesen Satz oft gebraucht. Ich glaube aber nicht, dass sie ihn im Sinn des Psalmdichters verstanden hat. Sie meinte ihn nämlich ironisch, und zwar dann, wenn die Kinder kaum aus dem Bett zu bringen waren. Meint ihr denn, es gehe alles so leicht im Leben, quasi gratis und von selbst?

Und meine Mutter hatte mit ihrer Mahnung ja auch ihr Recht. Die Lebensweisheit der Antike hat sie jedenfalls auf ihrer Seite. «Vor Tugend und Erfolg haben die unsterblichen Götter den Schweiss gesetzt», sagte der griechische Weise Hesiod schon im 8. oder 7. Jahrhundert vor Christus. Übrigens ein Autor, über dessen altertümlichem Wortschatz ich in meinem Altphilologiestudium viele geistige Schweisstropfen vergossen habe.

Wer müsste vor so viel alter Weisheit nicht kapitulieren? Ich selbst jedenfalls sah mich eigentlich nie auf der Seite der Langschläfer. «Umsonst ist es, dass ihr früh aufsteht.» Mit diesem Satz des Psalms hätte ich, wenn ich ihn denn gekannt hätte, schon als Kind nicht viel anfangen können. Denn ich bin seit eh und je ein Frühaufsteher. «Dem Seinen gibt er es im Schlaf», ist das nicht ein Aufruf zu Leichtsinn und Schlendrian?

Auch mit den Träumen pflegte ich, der ich als Kind eher nüchtern war, lange keine Freundschaft. Wie viele hatte ich sogar oft Angst vor dem Schlafen und vor meinen Albträumen. Manchmal verfolgten mich dieselben Plagegeister immer wieder. Ein böser Wolf zum Beispiel besuchte mich in meinen Träumen Nacht für Nacht, bis ich mich am Abend fast nicht mehr ins Bett getraute. Ich dachte mir eine Taktik aus und nahm mir vor, dem Wolf zu sagen, dass es ihn ja gar nicht wirklich gebe. Als mir der Wolf wieder erschien, konfrontierte ich ihn mit dieser Tatsache. Doch er liess sich davon nicht beeindrucken und stritt sie schlicht und einfach ab, was nun wiederum mich sprach- und hilflos machte.

Träume sind seit je die zwiespältigen Begleiter des Schlafes, das weiss man nicht erst seit Sigmund Freud. Es ist oft eine dunkle Welt, in die wir abtauchen, wenn wir uns mit Träumen befassen. Der Schlaf, sagt man, ist der Bruder des Todes. Shakespeares Hamlet gibt uns zu bedenken, dass auch mit dem Schlaf des Todes nicht alle Angst vorbei sein mag: «Was in dem Schlaf für Träume kommen mögen, das zwingt uns still zu stehen» (Hamlet, Akt III, Szene I, V. 66–68).

Und in einem seiner letzten Stücke, dem Sturm, lässt Shakespeare die Hauptperson sagen: «Wir sind solcher Stoff wie der zu Träumen, und unser kleines Leben umfasst ein Schlaf» (Sturm, Akt IV, Szene I,V. 156–157). Der Traum, die Nacht scheint dann unsere ganze Wirklichkeit aufzusaugen. So wie die skeptischen Philosophen der frühen Neuzeit uns zeigten, dass wir nicht wirklich sagen können, ob überhaupt etwas ausserhalb unserer Träume existiert. Und mehr noch, wir wissen nicht einmal, ob es die Träumenden, ob es uns selbst wirklich gibt.

An diesen Nullpunkt kann uns das Nachdenken zu Schlaf und Traum führen. Und doch hat der Schlaf seine Hoffnung und Verlockung. Könnte es nicht sogar sein, dass er selbst eine Beziehung nicht nur zu Dunkel und Tod hat, sondern auch zu unserem Leben und zur Weisheit? Im Schlaf mögen uns manchmal die klügeren Gedanken kommen, als wenn wir wach sind; es kann einem etwas entgehen, wenn man die Welt der Träume ignoriert und unterdrückt, wenn man sich quasi selbst trockenlegt. Wir verlieren dann einen Teil unserer Kreativität.

Eines der erstaunlichsten Erlebnisse meiner Kindheit verbinde ich mit einem Traum. Ich weiss immer noch keine Erklärung dafür. Es war noch in der Primarschule, als ich ausgerechnet von einer Rechenaufgabe träumte. Die Aufgabe war ziemlich knifflig, doch es gelang mir, im Traum die Rechnung zu lösen, die ich vorher noch nie gesehen hatte. Es fiel mir nicht einmal besonders schwer. Die Lösung spielte sich mir einfach zu. Ich dachte am

Morgen nicht weiter darüber nach – bis am nächsten Schultag genau diese schwierige Aufgabe in unserem Rechenbuch stand. Ich musste keinen Moment überlegen, ich hatte sie ja bereits durchgerechnet. Ich streckte auf und präsentierte das Ergebnis.

Tja, dem Seinen gibts der Herr im Schlaf. Ein Gelingen ohne Anstrengung. Davon kann man nur träumen, sagt man; aber vielleicht inspiriert uns gerade der Traum manchmal mehr als aller Fleiss. Der Schlaf, der uns sanft aus den ausgefahrenen Schienen des Wachseins heraushebt wie eine Spielzeuglokomotive. Und wir finden eine neue Welt.

Kein Wunder, wird in der Bibel so viel geträumt. Denn wenn sie *ein* grosses Thema hat, dann ist es das: die neue Welt, die neue Möglichkeit. Der schönste unter den Träumen der Bibel ist für mich der, den Jakob in Bet-El träumte: «Da stand eine Treppe auf der Erde, und ihre Spitze reichte bis an den Himmel. Und siehe, Boten Gottes stiegen auf ihr hinan und herab.» Als Jakob erwachte, sagte er: Das ist das Haus Gottes, und dies ist das Tor des Himmels. Und dieses Tor ist offen. Was für eine Erkenntnis dieser Traum gebracht hat! Was für ein Bild, was für eine Inspiration für alle, die später davon lesen werden!

Der Himmel ist nahegekommen. Und er ist für Gott und Mensch keine Einbahnstrasse mehr. *Ue und abe, ue und abe* steigen die Engel auf der Himmelstreppe. Der Künstler William Blake hat sie gemalt: eine Wendeltreppe mit Gegenverkehr, ein unendlich lebendiges, ein unendlich entspanntes Hinauf und Hinunter, ein ständiges Gespräch zwischen Himmel und Erde, zwischen Möglichkeit und Realität.

Dem Seinen gibts der Herr im Schlaf. Ja, manchmal stimmt das. Manchmal braucht es den Schlaf und den Traum, der löst von den Zwängen der Tagwelt, ihrer starren Konzepte; der löst auch von den Zwängen eines Glaubens, der Gott in weite Ferne rückt und ihn uns schroff entgegenstellt als den Übermächtigen, der nichts mit uns gemeinsam hat. Dem man sich, ohne zu fragen, unterwerfen muss, und gerade so doch nur die Machtstrukturen der Menschenwelt in den Himmel projiziert.

Träume sind kostbar, weil der Schlaf unsere Kreativität befreien kann. Ja, dem Seinen gibts der Herr im Schlaf. Aber ich möchte nun doch noch etwas Salz unter die süssen Träume mischen. Soll man denn am besten immer schlafen? Wo soll denn unser Leben bleiben, der helle Tag und alle Erfahrungen, die wir in ihm machen? Sollen wir sie mit grosser Geste wegwischen?

Eine Nacht- und Kunst- und Traumwelt, die sich abkapselt, wird steril. Vielleicht braucht eben auch die Fantasie den Widerstand des Alltags, um Funken zu schlagen.

Gott sei Dank haben wir die Träume. Aber genauso brauchen wir offene Augen für unsere Welt mit ihrem Eigenwillen. Wir brauchen den hellwachen Blick für ihre Kanten, für ihre Enttäuschungen – und für ihre versteckten Möglichkeiten. «Gebt Acht, bleibt wach», sagt Jesus im Markusevangelium (Mk 13,33). Im Blick hat er dabei das Ende der Zeit, das Gottesreich. Dann soll man uns nicht schlafend finden. Heisst das, dass man sich strategisch gut aufstellt im Rennen um einen guten Platz in der Ewigkeit? Kaum. Oder soll man rätseln, wann das Ende kommt, und dann eine gute Figur machen? Nein, niemand kennt die Stunde, auch Jesus nicht. Er aber hat etwas viel Wichtigeres getan: Er hat die Spuren des Gottesreiches schon in unserer Welt entdeckt und sie uns sehen gelehrt. Seine Poesie hat ihren Anker in unser Leben geworfen.

Da sind nun gerade keine spektakulären Träume und Visionen. Es sind oft Gleichnisse von ganz einfachen Dingen. Von kleinen, prosaischen Dingen, die man leicht übersieht. Zum Beispiel vom winzigen Samen des Schwarzen Senfs. Jesus vergleicht das winzige Korn mit dem Gottesreich. Aus dem Kleinsten wird das Grösste. Ist das Senfkorn gesät, geht es auf und wird grösser als alle anderen Gewächse. Ja, das ist etwas, das man entdecken kann, nicht wenn man träumt, sondern wenn man genau und mit Hingabe hinschaut: dass das Winzige und Unscheinbare eine ungeahnte Kraft und Kreativität entfalten kann.

Und noch etwas, das allen, die Vögel gern haben, das Herz wärmt: Das Senfkorn treibt so grosse Zweige, dass in seinem

Schatten die Vögel des Himmels nisten können; die Vögel, diese Wesen zwischen Himmel und Erde, die doch in ihrem Leben so hart zu kämpfen haben. Diese Lieblinge der Poeten, sie bekommen vom Senfkorn diesen kleinen Bonus, den Schatten für ihre Brut im Nest. Ich weiss, dass Darwin gelehrt hat, solche Dinge anders zu sehen. Doch diese kleine Beobachtung von Jesus setzt der Welt noch einmal ein neues Licht auf. Gewiss, zur Bibel gehören die grossen Träume und Visionen, aber auch solche Momente, in denen man im Kleinen und Leisen das Gottesreich kommen hört.

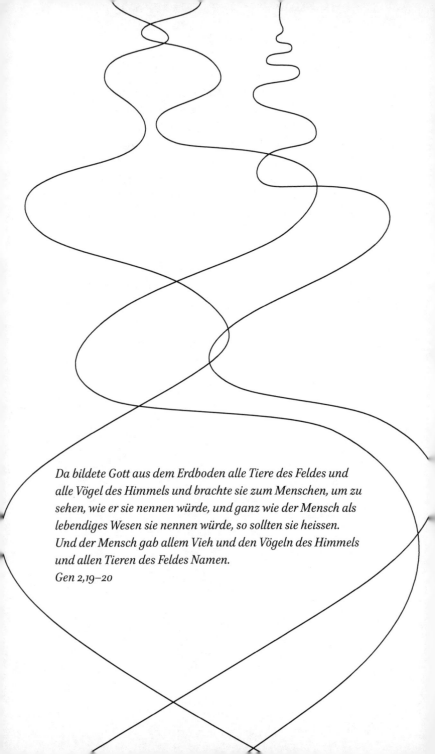

*Da bildete Gott aus dem Erdboden alle Tiere des Feldes und
alle Vögel des Himmels und brachte sie zum Menschen, um zu
sehen, wie er sie nennen würde, und ganz wie der Mensch als
lebendiges Wesen sie nennen würde, so sollten sie heissen.
Und der Mensch gab allem Vieh und den Vögeln des Himmels
und allen Tieren des Feldes Namen.*
Gen 2,19–20

Anderswohin

In der Schöpfungsgeschichte hat Gott gerade den Menschen geschaffen und rund um ihn den Garten Eden. Er soll aber nicht allein bleiben. Gott erschafft die Tiere, dann hält er einen Moment inne, und nun kommt der Mensch zum Zug: Er soll den Tieren Namen geben. Und Gott wartet darauf, was kommt.

Namen sind wichtig und faszinieren uns. Die Namen der nächsten Menschen bleiben uns, oft sogar dann, wenn uns die meisten anderen Wörter entschwunden sind. Namen haben ihre eigene Kraft und Schönheit. Wenn man sie schöpferisch verwendet, tun die Namen, die Wörter überhaupt und ihre Bilder eine Welt der Wunder und Lichter auf. Zum Beispiel in der Sprache der Liebe. Was für ein Glück, einem Menschen nicht nur *einen* Namen zu geben, sondern unendlich viele, die das geliebte Wesen in immer neuen Facetten aufscheinen lassen. Die es nicht festlegen und einmauern, sondern ihm nachgehen auf seinen Wegen.

Unterschätzen wir nicht die Macht, die Gott dem Menschen in diesem Text in die Hand gibt, wenn er ihn den Tieren die Namen geben lässt. Die zwei Verse aus der Schöpfungsgeschichte gehören für mich zu den liebenswertesten der Bibel. Vom Anfang her leuchten sie wie funkelnde Edelsteine in die Bibel hinein und geben ihr einen ganz eigenen Glanz. Gott hat die Welt geschaffen, und nun ist er *gwunderig* und wartet gespannt auf die Kreativität des Menschen. Die Bibel ist kein Monolog, keine Einbahnstrasse. Sie ist eine Einladung. Ich muss nicht stumm und stumpf werden, wenn ich auf sie höre. Das wäre, so deutet dieser Text an, für Gott selbst langweilig. Er will, dass sein Wort und das Wort des Menschen ins Gespräch miteinander kommen. Gott ist neugierig auf unsere Wörter, auf unsere Sprachschöpfungen.

Und machen wir uns nichts vor: Das Wort ist mächtig, so mächtig wie die Tat. Worte und Namen zu prägen, das heisst für den Menschen: er ist bei der Schöpfung der Welt mit dabei. Er schafft und dichtet und erfindet die Welt weiter, im Zwiegespräch mit Gott, der in und mit uns lebt. Wenn man die Bibel unter den Vorzeichen dieser Verse liest, bekommt sie noch einmal ein ganz anderes Leben. Zum Glück gibt es unzählige Beispiele aus der Geschichte, wo Künstlerinnen und Dichter diesen Ball aufgefangen haben, den ihnen die Bibel zuspielt.

Einer dieser Dichter ist George Herbert, der im England des 17. Jahrhunderts lebte. Er war ein Pfarrer und Poet, der die Bibel mit leuchtenden Bildern und Farben beschrieb. Zum Gebet findet er Vergleiche wie ein Senkblei, das Himmel und Erde ergründet, oder dann so exotische Bilder wie das Land der Gewürze, den Paradiesvogel, die Milchstrasse, bevor er ganz zum Schluss etwas sehr Einfaches, Protestantisches sagt: «Das Gebet ist etwas Verstandenes» (George Herbert, Prayer I, V. 14).

Solche Verse machen mich glücklich, weil sie Stoff zum Denken geben und die Fantasie in Fahrt bringen. Die Bibel ist für Herbert eine Fülle seltener Freuden, wo wir wünschen und nehmen dürfen. Das ist eine menschenfreundliche Einladung. Ja, du darfst deine Wünsche mitbringen, du musst deine Individualität, dein Innenleben und deine Fantasie nicht vor der Tür zurücklassen, im Gegenteil: Die Bibel, ihre Bilder, ihre Poesie soll dich befeuern zum Mitdenken, aber auch zum Weiterdichten.

Und die Poesie der Bibel, ihre Fantasie, schreitet nicht nur das Terrain unserer Wünsche ab, sondern sie überschreitet ihre Grenzen. Sie öffnet den Blick immer wieder neu auf die Zukunft hin, auf ungeahnte Möglichkeiten. Man entdeckt in der Bibel oft mehr, als wir man sich je vorgestellt hätte. Und so verändern sich auf dem langen Weg der Bibel beide, Gott und Mensch. Sie teilen miteinander die Bibel, sie ist ein gemeinsames Tagebuch.

Und doch möchte ich unsere Kultur des Wortes allein auch ein bisschen befragen. Die Bibel in der Volkssprache, die intensive Wort- und Debattierkultur der Reformation hat zwar Freiheit und Weite gebracht, aber nicht nur. Wer die Bibel wörtlich nimmt, missbraucht sie, um andere mundtot zu machen. Aus dem Zusammenhang gerissen, wird das Bibelwort gerade nicht ernst genommen. Es dient nur dazu, das eigene Vorurteil zu bestätigen. Und wer die Bibel als geschlossenes System versteht, das ein für alle Mal Gott, Welt und Mensch festnagelt, verfehlt ihre grössten Schätze. Er macht sie zum heiligen, aber stummen, toten Gegenstand.

Soll die Bibel ein lebendiges Buch für lebendige Menschen bleiben, ist es unendlich viel besser, sie nicht als Regelwerk zu sehen, sondern als Anstoss für die eigene Seele, ihr Wogen und Wünschen und Fantasieren. Und da haben Protestantinnen und Protestanten vielleicht nicht ihre stärkste Seite. Oft ist es gerade das schwierige Verhältnis zu Bildern, das hier im Weg ist. Dabei ist die Bibel voll von Bildern, nämlich Sprachbildern, die danach rufen, weitergesponnen oder in gemalte, geformte, gestaltete Bilder umgesetzt zu werden.

Es kann sehr befreiend sein, sich in einem Bibeltext zunächst einmal ganz auf die Bilder zu verlassen, ohne sofort danach zu fragen, was der Verfasser sagen will, welche gedanklichen Probleme er abhandelt. Wenn ich immer auf der Ebene der abstrakten Worte bleibe, besteht die Gefahr, dass ich nur alte Formeln und Dogmen nachspreche. Dabei hat die Bibel etwas ganz anderes im Sinn. Sprachbilder heissen auch Metaphern. Das kommt von einem griechischen Wort; es bedeutet «anderswohin tragen». Die Bibel will Mensch und Gott, ja, auch ihn, an einen anderen, offeneren, freien Ort tragen, nicht auf der eingefahrenen Bahn halten.

Ein Beispiel ist die Geschichte von Jesus und der Ehebrecherin. Schriftgelehrte bringen eine Frau zu Jesus in den Tempel, die beim Ehebruch gefasst wurde. Sie drängen darauf, sie müsse gesteinigt werden, und Jesus sagt schliesslich den grossen Satz: «Wer unter euch ohne Sünde ist, werfe den ersten Stein auf sie» (Joh 8,7)! Daneben aber gibt es noch ein interessantes Detail, quasi eine andere Schiene der Erzählung: Es heisst, Jesus habe sich, als er bedrängt wurde, gebückt und mit dem Finger auf die Erde geschrieben. Der Künstler und Dichter William Blake aus dem 18. und 19. Jahrhundert hat das Bild aufgenommen und leicht verwandelt: Jesus bückt sich, schreibt aber nicht auf die Erde. Dadurch ergibt sich bei Blake das Bild, dass Jesus sich vor der Frau, die vor ihm steht, verneigt. Jesus verneigt sich vor dem Menschen, der nach dem Bild des Göttlichen im Menschen geschaffen ist. Eine allzu kühne Deutung des Oxford-Theologen Christopher Rowland? Ich glaube nicht. Doch auch hier bringen Bilder Mensch und Gott neu zusammen.

Im Zeitalter der grossen Revolutionen des 18. Jahrhunderts hat William Blake seine eigene Revolution geschaffen. Mit seiner Kunst, dem Silberton seiner Poesie und einem Christentum, als gäbe es kein Oben und Unten mehr von Gott, von Jesus und uns.

Dass die Imagination für immer im Menschen lebt, ist fast schon ein Glaubensbekenntnis Blakes. Die Bibel sah er als eine mächtige Anregung zur Kreativität, nicht als Orakelbuch der religiösen Institutionen. William Blake war vielleicht der radikalste Kirchenkritiker von allen. Autorität von Pfarramt und Theologie als verbindliche Grössen galten ihm nichts. Blake fand seine Inspirationen anderswo: «Halte die Unendlichkeit in deiner Hand und die Ewigkeit in einer Stunde» (William Blake, Auguries of Innocence).

Wenn ich die Bibel nicht entlang fester Linien wahrnehme, hat ihr Wort die Kraft, mich an einen anderen Ort zu bringen, meine Seele lebendiger zu machen. Das Wort informiert nicht nur, es schafft neue Wirklichkeiten. Wenn zwei Menschen Ja zueinander sagen, ist ihre Welt nicht mehr dieselbe.

Und wenn wir ein Kind auf den Namen Gottes taufen, sehen wir es mit anderen Augen. Mit den Augen des Gottes, der sich selbst in seinem Ebenbild, im Menschen, erkennt. Gott krönt ihn mit Ehre und Hoheit, wie es ein Psalm sagt. Behalten wir das im Herzen, für die Menschen um uns, für jeden Einzelnen von ihnen, und ja, auch für uns selbst.

Viele Leute denken, es sei die eigentliche Aufgabe der Religion, dem Menschen Limiten zu setzen. Die Bibel wäre dann die Schule, wo man lernt, sich mit seinen Grenzen abzufinden. Vielleicht ist es aber umgekehrt. Dass sie nämlich dazu da ist, die Grenzen der Menschen zu öffnen, ihnen neue Horizonte aufzutun, auch einen neuen Trost, ihnen Möglichkeiten zu zeigen, die sie nicht einmal zu denken wagten. Und vielleicht können wir gerade von Gott lernen, nicht zu gering vom Menschen zu denken.

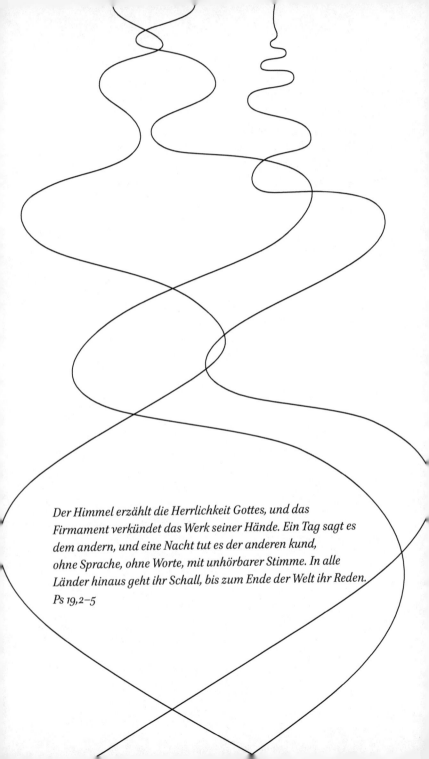

Der Himmel erzählt die Herrlichkeit Gottes, und das
Firmament verkündet das Werk seiner Hände. Ein Tag sagt es
dem andern, und eine Nacht tut es der anderen kund,
ohne Sprache, ohne Worte, mit unhörbarer Stimme. In alle
Länder hinaus geht ihr Schall, bis zum Ende der Welt ihr Reden.
Ps 19,2–5

Religion light

Mögen Sie Malven, diese Blumen, die Generation um Generation in den verschiedensten Farben blühen, ganz unberechenbar? In Gärten, aber auch an staubigen Strassenrändern, ohne dass sie jemand bewusst gesetzt hätte. Die Malve blüht, wo sie will. Meine Frau liebt sie seit ihrer Kinderzeit, und ich glaube, dass sie sich einen Sommer ohne Malven in ihrer Nähe kaum vorstellen kann. Sie pflanzt sie auf unserem Balkon, und von dort versamt sich die Blume in den Garten des Nachbarn eine Wohnung tiefer. Manchmal ist meine Frau dann sogar ein bisschen eifersüchtig, weil der Ableger die schönere Farbe hat als ihre Mutterpflanze.

Ja, so sind sie, die Malven, sie tun, was sie wollen. Nicht wie die sorgfältig gezüchteten Edelblumen, die alle genau gleich aussehen müssen, um an Ausstellungen Preise zu gewinnen. Von dieser vornehmen Art sind die Malven nicht. Sie sind eigentlich ein Unkraut, weil sie oft kommen, wo man sie gar nicht wollte. Malven gehören zu den Anarchistinnen der Pflanzenwelt.

Doch woher kommt es eigentlich, dass man säuberlich sortiert und unterscheidet zwischen richtigen Blumen und Unkraut? Schliesslich ist das Leben auch nicht so wohl aufgeräumt. In einem Buch über die *Weedes*, wie die Engländer das Unkraut etwas freundlicher nennen, hat der Autor Richard Mabey eine Lanze für das Unkraut gebrochen. Er sieht in der Unterscheidung eine Art inneren Zwang der Menschen. Einen Zwang zum System. Einen Zwang, die Welt als Hierarchie zu verstehen, wo oben und unten, richtig und falsch eindeutig getrennt sind.

Warum erzähle ich das alles? Weil es mir so vorkommt, dass wir, und vor allem die Theologien, auch oft unter diesem Zwang leiden. Wir feiern in diesen Jahren verschiedene Reformationsjubiläen. Zur Reformation gehören viele Impulse und Ideen, die neue Wege eröffnet haben. Sie hat aber unseren Gesichtskreis auch verengt. Zu einer dieser Verengungen kann zum Beispiel dieser Leitspruch werden: Die Schrift allein. Im Zentrum der Reformation steht das definierende Wort, das unter den vielen Wörtern der Bibel das *eine* Wort findet. Ich spreche von der reformatorischen Entdeckung Luthers, von der Rettung des Sünders allein aus Glauben. Für Luther selbst, der im Kloster verzweifelt um einen gnädigen Gott und um seine Seelenruhe rang, war das die grosse Erlösung. Gott spricht die sündigen, gläubigen Menschen gerecht und erlöst sie. Es ist die Situation des Angeklagten, der dem Todesurteil gerade noch entkommt. Aber ist diese Situation, der Mensch vor Gericht, die einzige, die die Bibel kennt? Hat dieses Muster ein Monopol dafür, unser Leben zu deuten? Eine Situation, die die Welt schlechtmacht, um die Gnade heller leuchten zu lassen, und den Menschen klein, um uns Gottes Grösse zu demonstrieren?

Nein, dieses Monopol gibt es nicht. Der Reichtum der Bibel ist unendlich viel grösser. Der Reichtum an Leben, an weiten Horizonten für die Zukunft, an Poesie. Ein System, und sei es ein Heilssystem, wird der Bibel niemals gerecht. Sie kennt mehr Schauplätze als den Gerichtssaal, und die Erfahrungen von Christenmenschen kennen weitere Horizonte als die Enge von Luthers Mönchszelle.

Zum Beispiel jenen Horizont des Psalms 19. Er ist ein Schöpfungspsalm: Doch er spricht von der Schöpfung wie kaum ein anderer Text der Bibel, vor allem in diesen vier Versen. Leicht wie eine Feder, ohne die Last der Definitionen, so wie die Malve nicht die Eindeutigkeit sucht. Der Psalm spielt sogar mit dem Gedanken, ohne das Gewicht des Wortes auszukommen. Kann man von der Herrlichkeit Gottes sprechen ohne Worte? Dieses Lied jedenfalls liebt das Dogma nicht, dafür umso mehr das Paradox. Es wird erzählt und kundgetan, aber ohne Sprache, ohne Worte, mit unhörbarer Stimme. Und doch geht ihr Schall in alle Länder, ihr Reden bis zum Ende der Welt. Und wer spricht? Nicht die Autoritäten, nicht die Theologie, auch nicht Gott selbst, sondern der Himmel, das Firmament, der Tag. Vielleicht, haben Sie wie ich als Kind mit Haustieren geredet und natürlich gedacht, dass sie uns verstanden und uns sogar auf geheimnisvolle Weise antworteten. Wer weiss, vielleicht sprachen auch Stuhl und Bett, Bücher und Spielsachen miteinander, wenn wir gerade nicht im Kinderzimmer waren.

Ja, es ist ein besonderer Zauber um die Poesie dieser Zeilen, in denen es hallt ohne Töne und die Dinge sprechen ohne Worte. Sind sie darum ein theologisches Leichtgewicht, ein *Weed*, ein Unkraut am Wegrand ohne Bedeutung für das Zentrum des Glaubens? Gewiss, wir sind hier meilenweit entfernt von der Schwere, die in der Geschichte die Kirche zum grossen Teil prägte. Entfernt sind wir auch vom verzweifelten Versuch, von der Sündenlast befreit zu werden, der nicht nur den Protestantismus, sondern auch die katholische Kirche umtrieb.

Ich habe in den letzten Jahren die Bibeltexte am Wegrand immer mehr lieben gelernt. Texte, die begleiten und inspirieren, ohne uns mit Dogmen zu beschweren. Texte, die schillern, die überraschen und ihre Farben ändern wie die Malven in und ausserhalb unserer Gärten. Ihre leicht bewegten Blüten können auch einen frischen Gegenwind begleiten. Einen Kontrast zu den überzüchteten Pflanzen der Theologie mit ihrem schweren Aroma. Gerade das reformatorische «Schrift allein» kann die Luft ja doch auch stickig machen. Ich erinnere mich an Diskussionen, in denen man sich gegenseitig Bibelstellen an den Kopf warf oder Zitate von Luther oder Karl Barth. Ich erinnere mich aber auch an einen meiner theologischen Lehrer, der in solchen Fällen dagegenhielt: Die Wahrheit einer Aussage entscheidet sich nicht bei dem, der sie äussert; sie entscheidet sich überhaupt nicht an der Quelle, und sei sie noch so heilig. Nein, sie entscheidet sich bei denen, die sie hören. Ob nun Luther oder Zwingli spricht, die Bibel oder ein Gedicht: Nichts nimmt uns ab, uns eine eigene Meinung zu bilden. Jede Theologie muss sich an unserer Lebenserfahrung messen lassen oder daran, ob sie eine Hoffnung zulässt, die unsere Erfahrung sprengt.

Aber führt das nicht in die Unverbindlichkeit? Ich höre die Einwände: Kann Religion funktionieren, ohne dass man sich auf sie verpflichtet, ob es uns gefällt oder nicht? Ohne dass wir uns auf einen Kanon verpflichten, nicht nur auf die Bibel, sondern auf die Traditionen? Machen wir es uns zu bequem, wenn wir ignorieren, was uns nicht passt? Kürzlich habe ich das Stichwort *Religion light* gehört. Ist das nicht der Gipfel moderner Beliebigkeit?

Ich muss gestehen, dass mir der Ausdruck gefällt. *Religion light*. Eine leichte und lichte Religion. Es erinnert mich an die Weisheit, von der die Bibel erzählt. Die Weisheit, die Gott bei der Schöpfung beistand, die seine Freude war Tag für Tag und spielte vor ihm alle Zeit und Freude an den Menschen hatte.

Eine *Religion light* gefällt mir auch im Licht dieses Psalmgedichts von Himmel, Tag und Nacht mit ihren Erzählungen ohne Worte, die sich der Festlegung sanft entziehen. Und dann hilft sie mir in meiner Erfahrung, dass ich nicht zu allen biblischen oder kirchlichen Lehren Ja sagen mag. Ich vermute, dass viele diese Erfahrung kennen, und nicht nur mit nebensächlichen Teilen der Tradition. Und warum auch nicht?

Was die Kirche nur allzu gern auf der Seite liess, war die Vielfalt der Bibel selbst, auch ihre rebellischen Seiten. Die Kirche hatte von ihrem Anfang an eine Tendenz, sich selbst gegen diese Seiten der Bibel zu immunisieren. Vergessen wir nicht: Jesus war ein scharfer Kritiker des Tempelkults, ein Gegner der institutionalisierten Religion. Er knüpfte an die jüdische Diskussion um den Sabbat an und entwickelte diese Tradition auch rhetorisch weiter: «Der Sabbat ist um des Menschen willen geschaffen und nicht der Mensch um des Sabbats willen» (Mk 2,23–27). Jesus liebte die weisheitliche Art des Denkens und Sprechens. Im Sabbat zeigt sich Gottes Freundlichkeit, aber nur, wenn er nicht gegen die Bedürfnisse der Menschen durchgesetzt wird.

Jesus geht mit seinen Argumenten wie der Psalm auf die Schöpfung zurück, auf die grosse Freiheit des Anfangs, auf den Beginn des Verhältnisses von Gott und Mensch. Könnte man dann im Satz Jesu für den Sabbat nicht jedes religiöse Gebot einsetzen, und die Religion überhaupt? Die Religion ist um des Menschen willen geschaffen worden, nicht umgekehrt.

Und das heisst: eine menschenfeindliche Religion müssen wir uns nicht antun. Dann lieber gar keine. Jede Religion muss es sich gefallen lassen, dass man sie fragt, was sie mit den Menschen macht, ob sie sie stärkt oder schwächt, ob sie sie inspiriert, aber auch, was sie ihnen antut. «Der Sabbat ist um des Menschen willen geschaffen.» Lange vor der Aufklärung hat der lichte Satz Jesu eine Tür zur Freiheit auch und gerade in der Religion aufgetan.

Religion light, warum nicht, eine Religion, die uns freier atmen lässt. Eine Religion, die sich auch in der Geschichte wandeln kann, so wie Gott sich in der Bibel mit dem Menschen gewandelt hat, auch wie er sich mit jedem und jeder von uns verwandelt.

Gewiss, das ist weit entfernt von dem, was viele für den Kern der Religion halten. Sie sehen solche Wörter als fremde Blüten in ihrem Garten, oder sogar als *Jät*, als schädlich oder mindestens überflüssig.

Doch vielleicht kann der Psalm uns auch ein wenig für einen leichten, lichten Glauben gewinnen: «Ein Tag sagt es dem andern, und eine Nacht tut es der anderen kund, ohne Sprache, ohne Worte, mit unhörbarer Stimme.»

Geh aus deinem Land und aus deiner Verwandtschaft und aus dem Haus deines Vaters in das Land, das ich dir zeigen werde.
Gen 12,1

Grösser als die Kirche

Es gibt ein Stück meines Lieblingskomponisten Henry Purcell, das mir in den letzten Wochen besonderes häufig in den Ohren geklungen hat. Eine Solostimme erzählt die Geschichte von Paulus' Reise nach Damaskus; Paulus, damals noch Christenverfolger, erlebt eine Bekehrung. Das alles geschieht musikalisch über einem vehementen Continuo ohne Halten, mit eigenwilligen harmonischen Wechseln von der Wut zum Jubel. Was aber am meisten in Erinnerung bleibt, ist der Tritt, der Tramp von Paulus' Gang selbst, dieser leidenschaftliche Vorwärtsgang. Man spürt, dass dieser Mensch auch nach seiner Hinwendung zu den Christen weiterwandern wird, dass er sich wandeln wird, dass er aber auch nach seinem Seitenwechsel ein Kämpfer bleiben wird; er wird den Charakter des jungen Christentums von Grund auf verändern. Purcells eckige Rhythmen sprechen von Sturheit und von Kreativität.

Wenn ich von diesem Stück Musik erzähle, geht es mir nicht um die Inhalte von Paulus' Theologie. Sie liegt mir oft genug schwer auf dem Magen. Nein, es geht mir darum, dass zum Christentum dieser Gang gehört, dieses ruhelose Vorwärtsgehen, das uns ständig verändert. Auch der eckige Eigensinn, der immer wieder die Einheit forderte und den Streit fand. Die Sehnsucht gilt Frieden und Eintracht, die innere Dynamik aber schafft Differenz, sogar Trennung. Das Ziel ist die alte Heimat, das Ergebnis aber die Auswanderung in die Fremde.

Von Anfang an ist der Bibel diese Unruhe eingeschrieben, dieser Sprung ins Ungewisse. Zur biblischen Geschichte gehören die Wanderung und der Wandel. Der historische, politische Wandel, den Israel erlebt, aber auch der Wandel des Gottesbilds. Gott selbst wandert mit den Menschen und verwandelt sich mit ihnen.

Die Schriften der Bibel erzählen von diesem Wandel und prägen ihn zugleich. Mit der Zeit werden Entscheide gefällt, was zum biblischen Kanon gehören soll, zum Tanach, der für das Judentum gilt. Das Christentum übernimmt ihn und ergänzt ihn um das Neue Testament, das vom Glauben von und an Jesus erzählt und ihn erklärt. Im Christentum geht die Bildung des Kanons einher mit der Schaffung eines imposanten Glaubensgebäudes und einer Institution, der Kirche. Es ist die mächtigste religiöse Grösse, die es in der Geschichte je gegeben hat. Sie bestimmte nicht nur, was zu den heiligen Schriften zählen sollte, sondern über weite Strecken auch, wie man sie interpretierte.

Heute stehen wir am Ende dieser Epoche der christlichen Religion. Am Ende einer Hierarchie, einer Struktur, die das religiöse Leben des Christentums weitgehend geprägt hatte. Wir haben erlebt, wie sich das verändert hat. Wir erlebten mit, wie sich alte Selbstverständlichkeiten auflösten; im Kirchenbesuch etwa, in der schwindenden Bedeutung des Kirchenjahrs. Die Autorität von Pfarrerin und Pfarrer ist geschwunden. Und vor allem: Die Gemeinden sind kleiner geworden.

Aber alle Strukturveränderungen als Reaktionen darauf, auch wenn sie wichtig sind, können nur funktionieren, wenn sie der Kreativität der Menschen nachspüren und sie zur Geltung bringen.

Ich möchte deshalb von einem Theologen reden, der nicht nur die Kirche, sondern das Christentum neu gedacht hat, und das in gewisser Weise an der Kirche selbst vorbei, unabhängig von ihr. Und zwar lange vor den Reformatoren, kühner und revolutionärer als die Luthers und Zwinglis. Es war Joachim von Fiore, ein italienischer Theologe des 12. und 13. Jahrhunderts. Er entwarf eine neue Lehre der Trinität von Gott: Vater, Sohn und Heiligem Geist. Diese Dreizahl hat schon immer eine zeitliche Reihenfolge nahegelegt, vor allem bei Gott dem Schöpfer und seinem Sohn. Schwieriger ist es mit dem Heiligen Geist. Er ist ein unberechenbarer Gast, von der etablierten Kirche oft mehr gefürchtet als geliebt.

Joachim von Fiore hingegen sah im Heiligen Geist die prägende Macht eines dritten, neuen Christentums. Nach dem Zeitalter des Vatergottes und jenem des Sohns und der Kirche sah er eine dritte Epoche des Heiligen Geistes kommen. Dies hat das Potenzial zu einer Revolution in sich. Der Heilige Geist in den Menschen als Steuerfrau und Steuermann? Wird die Kirche, die Garantin von Einheit und Stabilität, einst abgelöst durch kleine Gruppen von christlichen Individualistinnen und Individualisten, vielleicht gar durch Anarchie?

Luther, Zwingli und Calvin wären vor diesem Kontrollverlust zurückgeschreckt. Heute aber ist der Kontrollverlust nicht nur Theorie, sondern Wirklichkeit. Es sind nicht mehr die Kirche und die Theologie, die dem Glauben den Takt angeben, sondern die Einzelnen, ihre individuelle Spiritualität. Joachims Vision aus dem Mittelalter *lebt* in unserer Zeit! Viele Menschen, die sich eine spirituelle Dimension in ihrem Leben wünschen, wollen sie selbst ausgestalten. Strukturdiskussionen hingegen, die in den Grosskirchen oft dominieren, empfinden heute viele als Debatten für Insider.

Ich weiss, das wird der Arbeit nicht gerecht, die in unzähligen, langen Sitzungen für neue Strukturen geleistet wird. Zum Beispiel, wo man dem kirchlichen Leben auch dort weiter Platz zu geben sucht, wo es seinen eigentlichen Ort hat, im direkten Kontakt der Menschen, gerade dort, wo sie leben.

Vielleicht aber sollte man noch einen Schritt weitergehen: «Geh aus deinem Land und aus deiner Verwandtschaft und aus dem Haus deines Vaters», heisst es in der Abrahamgeschichte. Heisst das nicht auch, aus der vertrauten Kirche auszuwandern?

Ich möchte natürlich nicht, dass alle nun die Mäntel nehmen und die Kirche für immer verlassen. Schliesslich war es auch die Kirche, die die Schätze der Bibel im Gespräch, auch in der Kontroverse der Welt gehalten hat. Doch zu diesem Gespräch braucht es das lebendige Erbe einer offenen, liberalen Kultur. Wir brauchen sie in den Städten, aber gerade auch in den Quartieren, wo sie oft auch ihre Impulse entwickelt. Wir brauchen sie, damit die

Kirche nicht zu kirchlich, zu klerikal wird, damit die Strukturen nicht die Inspiration einschlafen lassen. Ich sehe nämlich eine Tendenz dazu. Hoffen wir mit, dass die Türe offen bleibt für frische Luft und die Freiräume genutzt werden.

In diesem Sinn, ja, wandern wir auch ein wenig aus, ziehen wir den Zaun ruhig noch weiter. Auch in einer Zeit, die für liberale Positionen in der Kirche manchmal wenig Sympathie hat. Man darf da auch widerspenstig sein wie Purcells Paulus, wenn Gehorsam gegenüber den Strukturen gefordert wird. In der Geschichte der Kirche selbst haben andere, neue Ideen, auch widerspenstige, immer wieder Gefässe gefunden; auch solche, die im Programm der Leitungen nicht vorgesehen waren. Die offizielle Kirche hat kein Monopol.

«Es gibt hier keine bleibende Stadt» (Hebr 13,14), heisst es im Hebräerbrief. Und es gibt auch keine ewige Kirche. Das ist gut so und tröstlich. Denn ist die Kirche wirklich das, was man sich für die Ewigkeit ersehnt? Ich bin sicher, dass auf jede gute Idee der Kirche viele Inspirationen kommen, die *anderswo* die Welt erleuchten. Und ich glaube, dass Gott mit uns Menschen eine neue Welt baut, grösser als alle Kirchen.

*Im Anfang war das Wort, der Logos, und der Logos war bei Gott,
und von Gottes Wesen war der Logos.*
Joh 1,1

*Er war das wahre Licht, das jeden Menschen erleuchtet, der zur
Welt kommt.*
Joh 1,9

Den Rahmen zurücklassen

Kürzlich war in den Zeitungen zu lesen, dass ein muslimischer Gelehrter aus Tunesien ein grosses Buch geschrieben hatte, enorm im Umfang und enorm in der Bedeutung. Es ist eigentlich gar nicht *ein* Buch, sondern ein grosses, fünfbändiges Werk, nämlich eine Koranausgabe, wie es noch keine gegeben hat. Vielleicht ist das fast schon symbolisch. Anstelle des einen monumentalen Korans stehen nun fünf Bücher. Das heilige Buch fächert sich auf.

Die Liebe zu *einem* grossen Buch kann Schönheit schaffen und grosse Kunstwerke hervorbringen: eine liebevoll gearbeitete jüdische Tora, eine christliche Bibel mit Bildmalereien oder eben auch ein Koran mit seinen wundervollen Kalligrafien. Diese Bücher tragen die allerhöchsten Ansprüche mit sich, nicht nur künstlerisch, sondern in ihren Texten, die ein ganzes Leben gestalten wollen.

Das ganz besondere aber an der Koranausgabe, von der ich spreche, ist etwas anderes. Es liegt darin, dass sie nicht nur den altvertrauten Korantext bringt, sondern seine Varianten und Spielarten, die es eben auch gibt, auch wenn sie später in der Geschichte verboten wurden. In der Ausgabe werden auch die Beiträge jüdischer und christlicher Quellen und Ideen deutlich gemacht. Der Koran wird so auf ganz neue Art vielstimmig. Man könnte sagen, dass es diese Vielstimmigkeit im Juden- und im Christentum schon lange gebe. Doch selbstverständlich war und ist sie nie. Und umgekehrt kannte auch der Islam einst ein freieres Denken, als es heute vielerorts möglich ist.

Auch im Christentum gibt es noch Tendenzen der Angst, die die Bibel zum heiligen, unberührbaren Gegenstand machen wollen. Und eben nicht zum lebendigen Ort der Auseinandersetzung; gerade darüber, was einem besonders lieb ist. Und das oft gerade dort, wo man sich am meisten für die Tradition der Freiheit brüstet. Etwa für die Reformation. An einer Tagung hörte ich einen Protestanten über Luthers Rechtfertigungslehre sprechen. Er stellte sie im Brustton der Überzeugung als die reine Lehre der Bibel hin, als die Quintessenz unseres Glaubens, und zwar in der wörtlichen Fassung von Luther.

Nun ist Luthers Bibelübersetzung zweifellos ein Sprachkunstwerk, doch seine Grösse hat es gerade von seiner sprudelnden Kreativität und nicht von den Qualitäten eines peniblen Sekretärs von Gottes Schreibstube. «Der Geist weht, wo er will» (Joh 3,8). Und Gott diktiert die Worte nicht in unsere Schreibmaschine. Ich muss gestehen: Wenn die reine Lehre das einzige Gut wäre, das aus der Bibel zu gewinnen wäre, würde ich die Theologie noch heute Abend an den Nagel hängen. Da nähme ich mir viel lieber den mutigen Korangelehrten zum Vorbild.

Doch auch die Bibel ist natürlich keine Parteischrift. «Im Anfang war das Wort, der Logos», heisst es zu Beginn des Johannesevangeliums. Und etwas später: «Der Logos, das Wort war das wahre Licht, das jeden Menschen erleuchtet, der zur Welt kommt» (Joh 1,9). Jeden Menschen. Nicht bloss die Hüterinnen und Hüter des rechten Glaubens.

Diese Weite gehört zur Bibel. Ich denke an das Spiel der Weisheit im Buch der Sprüche. Sie steht Gott bei der Schöpfung zur Seite. Die Schöpfung ist hier kein Soloakt, kein Dekret, das der Welt für alle Zukunft ihre Richtung vorschreibt. Die Weisheit war Gottes Freude Tag für Tag und spielte vor ihm allezeit. Sie spielte auf seinem Erdkreis und hatte seine Freude an den Menschen (Vgl. Spr 8,30–31). Gibt es schönere Verse in der Bibel? Verse, die Raum für die Erfahrung und die Nachdenklichkeit jedes Menschen lassen.

Doch ich möchte gern noch ein wenig Salz in diese Gedanken streuen: das Salz, auf das mich der algerisch-französische Philosoph Jacques Derrida gebracht hat.

Derridas Argument klingt zuerst harmlos: Jeder Satz eines Menschen bedeutet etwas anderes, wenn er von ihm zu einem späteren Zeitpunkt wiederholt wird. Auch wenn man meint, es sei der gleiche. Wir können nicht zweimal in den gleichen Fluss steigen, sagte der griechische Philosoph Heraklit. Unsere Situation verändert sich, oft von Ausgenblick zu Augenblick, unsere Stimmung, die Worte anderer Menschen prägen uns neu. Wir können nicht zweimal dasselbe sagen. Und eine Woche später sind wir schon andere, in anderen Kontexten.

Wir müssen alle sterben, schreibt ein Denker in einem Buch über den Tod. Das ist eine sehr allgemeine Aussage, vielleicht mit einem leichten Seufzer gemacht, aber ohne dass sich das emotionale Thermometer stark erhöhte. Der Satz hat aber einen ganz anderen Ton, wenn der Mann den Satz später in einem Brief an seine Frau wiederholt, mit der Nachricht vom Tod ihres Kindes und begleitet von einem hilflosen Trostversuch. Einem Brief, wie ihn etwa Charles Darwin beim Tod seiner Tochter schreiben musste. Ein ganzes Weltvertrauen, eine ganze Identität kann so in den gleichen Worten in die Brüche gehen.

Auch wenn zwei Menschen das Gleiche sagen, ist es meist nicht dasselbe. «Sei lieb zu mir», sagt jemand und bettelt damit um etwas Zuwendung. Mit den gleichen Worten fordern Eltern Gehorsam ein.

Ich glaube, diese Vieldeutigkeit, diese Biegsamkeit der Sprache, ist auch etwas Schönes. Sie gibt uns nicht ein einheitliches Dogma in die Hand. Nein, sie ist unsere Begleiterin für den Reichtum der Erfahrung und unserer Kreativität. Aber ist die Vielfalt nicht eine Zerstörerin der Kommunikation? Verstehen wir uns überhaupt noch, wenn alle in ihren eigenen Sprachen sprechen, oder verstehen wir einander nicht einmal dann, wenn wir das gleiche Wörterbuch benützen? Gibt es nicht einen Kollaps der Sprachen und Kulturen, sodass es keine stabilen Bedeutungen mehr gibt?

Und das ist nichts wirklich Neues. Shakespeares «Othello» zeigt es in einer der dunkelsten – und grandiosesten Tragödien überhaupt. Ein Mann schwarzer Hautfarbe in der Welt der italienischen Renaissance hat seinen Weg scheinbar gefunden. Dabei hat umgekehrt diese Welt des 17. Jahrhunderts in Wirklichkeit den Weg zu anderen Kulturen noch nicht einmal ansatzweise gefunden.

Othello, der Fremde, hat das Herz einer adligen Venezianerin gewonnen – doch das Ende dieser traurigsten aller Liebesgeschichten ist wohl bekannt. Wie die beiden Opfer einer Intrige werden und mehr noch der Worte und Zeichen, die man hundertfach missverstehen kann. So werden die beiden auf grausame Weise Opfer eines neidischen, frustrierten Venezianers und seiner Manipulationen. Wenn Menschen miteinander reden oder wenn sie andere Zeichen geben, geschieht viel mehr, als sie oft meinen.

Ja, wenn die Kultur der Wörter und der Zeichen kollabiert, kann eine ganze Welt in sich zusammenfallen, zwischen einem Ehepaar oder in der der grossen Politik. Kriege haben sich oft an einer Nichtigkeit entzündet, und in unserer privaten Welt gehen Freundschaften schnell zugrunde, ohne dass wir vielleicht sagen können, warum.

Auch die Religion ist keine reine, harmlose, eindeutige Welt, deren Worte wir nur fromm nachsprechen können, um ein glückliches Leben zu haben. Die Ruhe unserer Welt ist immer bedroht. Wer Stabilität verspricht, macht die Sache vielleicht nur schlimmer. Wer behauptet, dass immer den rechten Weg geht, wer dem Buchstaben der Bibel oder einer anderen heiligen Schrift folgt. Nein, es ist nicht am besten, sich hinter diesen eisernen Schutzschilden zu verstecken. Und es ist nicht gut, dafür die eigene Innenwelt, die Einfühlung in andere Menschen und die Kräfte der Fantasie zu opfern. Im Gegenteil. Wir brauchen sie.

Im 19. Jahrhundert hat Friedrich Nietzsche vom Tod Gottes gesprochen. «Wir haben ihn getötet, ihr und ich» (Die fröhliche Wissenschaft, 3. Buch, 125), schrieb der Philosoph mit spürbarer Aufregung und Zittern in seinen Worten. Doch vielleicht ist ja etwas dran an diesem zögernden Abschied vom Übervatergott, von der heiligen Institution und den unantastbaren Texten.

Der Ort der Spiritualität liegt in jedem einzelnen Menschen. Was heilig ist und wahr, soll jede und jeder selbst entdecken können. Geist und Seele sollen ins Gespräch damit kommen. Vielleicht besteht ja heute die Chance gerade nicht darin, den Rahmen der Kirche, der organisierten und ritualisierten Religion, zu restaurieren. Es geht wohl eher darum, den Rahmen zurückzulassen und nicht nach Macht, sondern nach Freiheit zu suchen. Hier wartet auch in der Bibel eine weite Hoffnung und eine grosse Freude Tag für Tag.

Die Weisheit ruft: Gott hat mich geschaffen am Anfang seines Wegs, vor seinen anderen Werken, vor aller Zeit. In fernster Zeit wurde ich gebildet, am Anfang, in den Urzeiten der Erde. Als es noch keine Fluten gab, wurde ich geboren, als es noch keine wasserreichen Quellen gab. Bevor die Berge eingesenkt wurden, vor den Hügeln wurde ich geboren, als er die Erde noch nicht geschaffen hatte und die Fluren und die ersten Schollen des Erdkreises. Als er den Himmel befestigte, war ich dabei, als er den Horizont festsetzte über der Flut, als er die Wolken droben befestigte, als die Quellen der Flut mächtig waren, als er dem Meer seine Grenze setzte, und die Wasser seinen Befehl nicht übertraten, als er die Grundfesten der Erde festsetzte, da stand ich als Werkmeisterin ihm zur Seite und war seine Freude Tag für Tag, spielte vor ihm allezeit. Ich spielte auf seinem Erdkreis und hatte meine Freude an den Menschen.

Spr 8,22–31

Dann werde ich spielen

Als ich ein kleiner Junge war, vielleicht fünf Jahre alt, hatte ich einen alten Maurer zum Freund. Stundenlang sah ich ihm zu bei der Arbeit. Besonders angetan hatte es mir sein schöner, schwerer Hammer – er hat ihn mir später geschenkt, einer meiner wertvollsten Schätze. Etwa zu jener Zeit fuhren wir im Auto einmal dem Walensee entlang, zu Füssen der Churfirsten. Da hatte ich nur noch Augen für diese Felswände, in denen ich Türme, Burgen und Gesichter sah. «Wie viele Jahre», fragte ich, «muss der Maurer daran gearbeitet haben?» Und ich sah in Gedanken meinen alten Freund bei seiner Arbeit.

Grosse Dinge müssen für Menschen ein menschliches Gesicht tragen. Ich konnte mir gar nicht vorstellen, dass diese Wunderwerke aus Stein das Produkt stumpfer Naturgewalten sein sollten. Nein, da muss ein Maurer mit seinem Hammer am Werk gewesen sein. So wie manche sich lieber vorstellen, dass die Liebe das Werk einer gewitzten Gottheit mit Menschenantlitz ist und nicht ein Weg, die Vielfalt unserer Gene zu erhöhen. Vielleicht sind darum die Verse aus dem Sprüchebuch meine liebsten Bibeltexte. Sie geben der Schöpfung von Anbeginn an ein menschliches Gesicht: das Antlitz einer Sängerin und Dichterin. Sie trägt den Namen Weisheit und ist der Liebling Gottes.

Die weisheitliche Theologie setzt auf Einsicht und Überzeugung, nicht auf Autorität und Gehorsam. Und das gilt erst recht bei der Schöpfung. Die Verse aus dem Sprüchebuch sind ja ein kleiner Alternativtext zu den beiden grossen, berühmten Schöpfungsberichten am Anfang der Bibel. Vor allem zum ersten. Sie kennen die monumentale Wucht jener Sätze: «Im Anfang schuf Gott Himmel und Erde» (Gen 1,1). Und dann Tag für Tag, eins ums andere die ganze Schöpfungsordnung. «Und Gott sah, dass es gut war.» Die Welt erscheint hier auch als fertiges System, in das man sich lediglich noch einzufügen braucht.

Gewiss, Gott schuf den Menschen, so der erste Schöpfungsbericht, nach seinem Ebenbild und setzte ihn über alle anderen Kreaturen seiner Schöpfung. Die Kirchen aber hören oft lieber die konservativen, bewahrenden Töne. Gerechtigkeit, Frieden, Bewahrung der Schöpfung heisst die beliebte Formel. Es ist keine Formel der Bibel, jedenfalls nur zu zwei Dritteln. Denn von Bewahrung der Schöpfung spricht die Bibel nicht. Und ich frage mich: Kann es wirklich nur um ihre Bewahrung gehen? Gewiss verlangt die Schöpfung vom immer mächtiger gewordenen Menschen Rücksicht, und mehr Rücksicht als bisher. Aber blosse Bewahrung kann das nicht sein. Im Gegenteil. Die Schöpfung selbst ist nicht statisch. Und Gott sucht in uns Mitschöpferinnen und Mitschöpfer, die die Schöpfung weiterentwickeln. Er sucht Kreativität, nicht blosse Anpassung, ein Gegenüber, keine Untertanen.

Viele sehen den Menschen als Störenfried der Natur. Wenn es nur ihn nicht gäbe, dann wäre die ökologische Harmonie vollkommen. Als ob es diese Harmonie je gegeben hätte. Lange vor dem Menschen war die Erdgeschichte voller Umbrüche und ökologischer Katastrophen. Und umgekehrt hat der Mensch auch gute Realitäten geschaffen und Schmerzen gelindert.

Doch all das sagt der Text viel schöner mit den Worten der Weisheit: «Gott hat mich geschaffen am Anfang seines Wegs, vor seinen anderen Werken, vor aller Zeit.» Die Stimme der Weisheit, die Stimme des Menschen spricht, seit es Gott gibt. Ja, Gott ohne den Menschen können wir uns nicht denken. Es sei denn, wir machten den Schöpfer zu einem einsamen Weltenlenker, einem Abstraktum oder einer Art Supercomputer, der die Rädchen des Universums in Schwung hält. Dieser Text dagegen beschreibt ihn als Beziehungswesen, vom Anfang seines Wegs an.

Es ist ein schöner Gedanke der christlichen Theologie, Jesus mit der Figur der Weisheit zu verbinden. Jesus, der wahre Mensch, die Verkörperung der Imagination, lebte von Anfang an bei Gott.

Er ist selbst das Wort des Anfangs, von dem das Johannesevangelium spricht. Er ist das Wort, das die Welt für den Menschen zum Sprechen bringt, wie es die Art der Weisheit ist.

Und wie prägt die Gegenwart der Weisheit, die Präsenz des Menschen, diese dritte Schöpfungsgeschichte im Vergleich zu den ersten beiden? Mir scheint, es ist eine neue Leichtigkeit, ein neues Licht, eine neue Poesie um dieses Schöpfungswerk. Es ist ein wenig, als ob die Weisheit wie ein Kind all die Wunder bestaunt: die sprudelnden Quellen, die Berge und Hügel, über die sie streift. Man spürt ihre Faszination, wie Gott den Himmel und die Wolken droben befestigt. Ich höre fast schon den Maurerhammer, dessen Spuren ich einst an den Abstürzen der Churfirsten suchte. Und mit dem Blick der Weisheit fühlt man sich weniger mit vollendeten Tatsachen konfrontiert, sondern eher auf einer lauten, fröhlichen Baustelle. Gewiss, wie im ersten Schöpfungsbericht schafft Gott auch hier eine Ordnung, die überhaupt erst Leben ermöglicht: Er setzt Grundfesten für die Erde und dem Meer eine Grenze. Doch auch da ist die Weisheit als Werkmeisterin dabei. Sie arbeitet allen voran für eine Welt, die den Geschöpfen eine freundliche Stätte wird. So wie Jesus den Horizont einer neuen Welt auftut, in der kein Leid mehr sein wird.

Das ist ein Werk der Freude. Die Weisheit erzählt, wie sie Gottes Freude war, Tag für Tag. Und dann kommt erst das Schönste: «Ich spielte vor ihm allezeit. Ich spielte auf seinem Erdkreis und hatte meine Freude an den Menschen.» Es ist, als schaffe die Weisheit eine neue Nähe zwischen Gott und Mensch. Im Spielen treffen sich Gott und Mensch, im Bindeglied dieser fröhlichen Weisheit: Sie ist die Freude Gottes, der Mensch ist die Freude der Weisheit.

Und die spielende Weisheit kann zum Bild des lebendigen Geistes werden, eines lebendigen Gottes und eines lebendigen Menschen. Spielen ist eines der geheimen Schlüsselworte der Bibel. Wir brauchen es in der Kirche und Theologie nicht oft. Es würde sich aber lohnen, es mit der biblischen Weisheit in die eigene Innenwelt und ihren Wortschatz zurückzuholen. Vielleicht sollten alle Christen ein wenig Spieler und Spielerinnen sein – oder etwas davon in sich tragen. Jesus erzählt einmal von Kindern, die zum Tanz aufspielen, und die Leute mögen nicht mittun. Und doch: den zugespielten Ball auffangen und weiterspielen, das ist eines der schönsten Bilder für das Leben.

Dieser Text aus dem Sprüchebuch verbindet das Spiel mit der grossen Freiheit des Anfangs. Die Weisheit spielt in einer Zeit vor allen Sachzwängen, bevor sich die Geschichte wie eine Last auf die Menschen legte, bevor die Welt entstand, wie sie nun einmal ist. Doch über jenen Anfang hinaus bleibt die Weisheit mit ihrem Spiel eine Freundin der Freiheit. Sie hält den Raum des Möglichen offen, wo sonst nur noch der Zwang zu herrschen scheint.

Eines der schönsten Gleichnisse für diesen Raum der Möglichkeit ist für mich das Theaterspiel. Wenn Schauspieler einen Part übernehmen, werden sie zu neuen Menschen und kreieren zugleich eine Rolle. Und wenn sie auf der Bühne sterben, so gehen sie in die Garderobe und können in der nächsten Rolle wieder auferstehen.

Ist es frivol, Auferstehung und Theater zusammenzubringen? Ich glaube nicht. Eher berühren hier beide, Theater und Religion, ein Geheimnis des Lebens. Wenige Stellen der Literatur bewegen mich wie diese von Kleopatra: Auf der Bühne Shakespeares stirbt die ägyptische Königin. Doch dieses eine Mal bei Shakespeare ist der Tod keine letzte Grenze. Eine Vertraute der Königin, die ihr in den Tod nachfolgen wird, richtet sie zärtlich her. Und ihre letzten Worte öffnen den Horizont weit: «Deine Krone sitzt schief; ich rücke sie zurecht, und dann werde ich spielen» (Antonius und Cleopatra, V. 317–318).

Spielen im Tod? Ein Gedanke, der weit entfernt scheint vom Christentum. Geht es da um Wunschdenken, um freischwebende Fantasie? Und doch: Ist diese Fantasie wirklich so weit entfernt von Jesus, der sagte: «Alles ist möglich dem, der glaubt?» Jesus spielte mit den Kräften der Imagination. Ja, das Christentum ist spielerisch. In den Gleichnissen etwa, die uns das Gottesreich schon jetzt nahekommen lassen. Eine ganze Welt, um mit neuen Möglichkeiten zu spielen. So wie die Weisheit am Anfang der Welt spielt. Und am Ende der Zeit. Wenn es nicht jetzt ist, wird es kommen. Dann werde ich spielen.

«Die Auferstehung dürfen wir uns gönnen»

Stephan Landis im Gespräch

Bigna Hauser, Matthias Böhni: Ihre Gedanken sind oft überraschend. Wer hat Sie im Denken geschult?
Stephan Landis: Früher hatte ich weniger Mut zum Überraschenden. Aber dann habe ich es gelernt, und zwar von den vielen Büchern, meist aus dem angelsächsischen Raum: literarische, aber nicht ausschliesslich. Und dann habe ich es auch noch ein bisschen von meiner eigenwilligen Familie gelernt. Mein Onkel und Götti war Pfarrer Sieber. Aber ich würde trotzdem sagen, dass es nicht er war, der mich hauptsächlich geprägt hat. Auch nicht beim Entschluss, noch Theologie zu studieren. Aber trotzdem: Es ist ein bisschen eine Familienatmosphäre mütterlicherseits gewesen. Eine Atmosphäre des Querdenkens – manchmal fast störrisch. Von meinem Vater her kam dann eher das Intellektuelle dazu.

Ihr Denken könnte man also als «störrisch–intellektuell» bezeichnen. Stimmt es eigentlich, dass man je nach Tageszeit und Ort anders denkt?
Ja. Wenn man beispielsweise den Berg hochläuft, dann denkt man anders, als wenn man runter läuft. Ich gehe lieber aufwärts. Dann kommt man etwas ins Schnaufen und dann auch ins Denken. Das denken ist dann mutiger und optimistischer. Beim Runtergehen habe ich eher Angst und das wirkt sich auch auf die Gedanken aus.

Man kann über das Gleiche nachdenken, einmal am Schreibtisch, einmal beim Hochlaufen, einmal beim Runterlaufen – und es kommt immer etwas anderes heraus?

Unbedingt. Denken ist etwas Physisches und Physikalisches. Am besten denkt es sich sowieso beim Baden. Viele meiner Ideen kamen eigentlich zuerst einmal beim Aufwärtsgehen oder beim Baden. Und dann setze ich mich hin und schreibe sie auf.

In einem Ihrer Texte heisst es «Keine Angst vor Babylon!». Das könnte ein gesprayter Slogan der 8oer-Bewegung sein. Haben Sie einen Bezug dazu?

(Lacht) Nicht gross. Ich stand der Bewegung eigentlich indifferent gegenüber. Bestenfalls beobachtend. Sie hat mich weder gross empört noch begeistert. Meine persönliche Rebellion hat sich stets aufs Schreiben beschränkt, auf den ideellen Raum sozusagen.

Ihnen entspricht eine gewisse amerikanische Denktradition?

Durchaus, wobei typisch für mich ist, dass ich beispielsweise etwa 30 Mal in England war, jedoch keinmal in den USA. Aber gelesen habe ich natürlich auch viel Amerikanisches, da kommt man nicht drum herum. Dieses unabhängige amerikanische Denken, diese Einzelgänger, die sich nicht korrumpieren lassen, das hat mich geprägt.

In Ihren Texten sind Sie eine Art Ingenieur, der die biblischen Texte kritisch und auch selbstkritisch, betrachtet. In diesem «biblischen Gemäuer» finden Sie Sachen, über die Sie dann schreiben.

Das Spielen mit der Sprache hat mich immer begleitet, auf meinen Reisen in England, als Lateinlehrer, als Journalist und dann auch als Pfarrer. Ich würde sagen, dass Literatur bei mir stets die Grundlage für alles ist. Und wo immer das zum Tragen kam, habe ich mich wohlgefühlt. Das ist wohl auch der Kern meiner Texte: das Literarische an der Bibel zu entdecken.

Warum sind Sie Pfarrer geworden?

Eigentlich bin ich nicht Pfarrer geworden, um Pfarrer zu werden. Nach meinem ersten Studium der Altphilologie mit Schwerpunkt Griechische Tragödie war ich noch hungrig und so habe ich noch Theologie studiert. Ich wollte etwas Anderes, etwas Fremdes, vielleicht auch etwas Ambivalentes zu meinem ersten Studium – und das habe ich in der Theologie gefunden, besonders im ersten Teil des Studiums mit Exegese, Geschichte und Philosophie. Das hat mich inspiriert.

Ihnen gefällt Ambivalenz: In einem Ihrer Texte vergleichen Sie Shakespeares Cordelia mit Jesus.

Der Vergleich ist bereits in Shakespeares Drama «King Lear» selbst angelegt. Das Londoner Theater war ein Tohuwabohu der Geschlechter – wenigstens theoretisch. Echte Frauen durften nicht mitspielen. Aber symbolisch vermischten sich die Geschlechter, alles war möglich und vielleicht sogar moderner, als wir es uns heute trauen. Beispielsweise eben auch dass Jesus eine Frau war; oder dass Lear alle Rollen dieser damaligen Dreiheit von Vater, König, Gott füllte. In meinem Text kommt dann nicht nur Cordelia zu ihrem Ende, sondern auch Gott: Gott ist nun tot.

Wie beurteilen Sie das Verhältnis zwischen Mensch und Gott?

Sie sind für mich in einer engen Verbindung zu denken. Gott kann man nicht beweisen. Aber ich kann genauso wenig mein Vertrauen in ihn weglegen, selbst wenn ich es wollte. Ich kann gar nicht anders, als zu glauben, als Optimist zu sein. Ein Gott ohne Menschen ist schlicht absurd und langweilig – genauso wie die Vorstellung eines allmächtigen Tyrannen. Mensch und Gott gehören zusammen. Ein Gott, der es nicht gut mit den Menschen meint, ist in meinen Augen nicht denkbar.

100

Haben die Menschen Gott geschaffen?

Das weiss ich nicht, aber dass Gott die Welt allein und voll-kommen geschaffen hat, das kann ich mir nicht vorstellen. Mir fällt es schwer, die Natur als Gegensatz zum bösen Menschen zu verherrlichen. Vieles, was der Mensch geschaffen hat, ist grossar-tig. Ich kann dieses negative Menschenbild, das mir oft begegnet, nicht teilen.

Haben Sie ein leichtes Misstrauen gegenüber Mehrheitsmeinungen?

Vielleicht ja. «So ist es eben» kann ich schlecht akzeptieren.

Da gefällt Ihnen das Wort «spielen» schon besser. Wäre die Theolo-gie am besten eine Spielkunst, eine Spielwissenschaft?

Das würde mir sehr gefallen. Genau so, wie ich auch ein ziem-lich begeisterter Schauspieler war und das Theater liebe. Ich mag nicht, wenn sich Rollen verfestigen. Ich mag es, wenn die Rol-len durcheinander gehen. Darin ist alles unbegrenzt, das ist das Schöne. Mich macht es manchmal ein bisschen traurig, dass es in der Religion so ernst zu und her geht. Alles sollte sich immer wie-der wandeln können, sich bewegen können. Ich habe in einem Text Bezug genommen auf die Bibelstelle, wo Kinder sozusagen zum Spiel blasen – und niemand macht mit. So kommt es mir oft vor: Es gibt wenig Echo zum Spielen. Deshalb gefällt mir die weisheitliche Tradition innerhalb der Bibel so gut: weil es dort Platz fürs Spielen hat.

Die grossen Meistererzählungen der Bibel interessieren Sie wenig. Sie interessieren die kleinen, funkelnden Erzählungen am Wegrand.

Das stimmt. Mir gefallen viele kleine Stücke der Bibel. Ich habe gelernt, das Leise zu lieben. Aber auch die Anfänge der Bibel und überhaupt viel Alttestamentliches. Im Neuen Testa-ment finde ich es sehr viel schwieriger.

Weshalb?

Das Neue Testament ist von einer dicken Kruste von festen Erwartungen bedeckt. Hier steht nicht weniger als das Christentum auf dem Spiel. Aber gerade hier ist oft der Tod und nicht das Leben von Jesus im Vordergrund. Viel wichtiger ist für mich aber seine Kreativität, etwa in seinen Gleichnissen. Sie macht Jesus zu einem grossen Dichter. Leider gerieten solche Aspekte unter die Räder der Idee, die über Jahrhunderte in der Theologie *die* Idee blieb, nämlich dass Jesus für unsere Sünden gestorben sei. Damit kann ich nichts anfangen.

Wie interpretieren Sie seinen Tod?

Es gibt keinen Sinn für diesen Tod. Jesus war ein Querdenker und es war ein Justizmord, mehr gibt es dazu nicht zu sagen.

Auch nicht zur Auferstehung?

Doch. Sie ist das, was man feiern kann. Nach all dem Grässlichen dürfen wir sie uns gönnen.

Ist Jesus auch ein Theaterspieler? Einer, der die Rollen ständig wechselt und überrascht?

Ja, sicher. Er hatte Charisma, bog oft von der Mehrheitsmeinung ab und machte etwas ganz anderes.

Sie haben Ihre Theologie als eine «Theologie ohne Theologie» bezeichnet. Was meinen Sie damit?

Ich habe in meinen Texten und auch in meinen Predigten bewusst versucht, einen enggefassten Begriff der Theologie zu vermeiden und stattdessen eine «Wegrand-Theologie» zu betreiben. Ein Beispiel für diese Wegrand-Theologie ist der Psalm 19 mit dem Vers: «Ein Tag sagt es dem andern, und eine Nacht tut es der anderen kund, ohne Sprache, ohne Worte, mit unhörbarer Stimme» (Psalm 19,3–4). Ein solcher Vers in einer sozusagen wortversessenen Kultur ist grossartig literarisch. Und so habe ich versucht, eine «Theologie ohne Theologie» zu machen. Sobald

Theologie sagt: «Wir wissen es jetzt!», dann ist es schlechte Theologie.

Theologie muss fliessend bleiben.
Vielleicht könnte man es so formulieren, ja. Es soll sich nicht verfestigen und erstarren. Es muss immer Alternativen geben. «Warum sollten wir nicht eine Poesie und Philosophie der Entdeckung haben und nicht der Tradition?», sagt Ralph Waldo Emerson. Für ihn ist es eine Religion, die sich *uns* offenbart, und nicht eine Geschichte der Offenbarungen aus der Vergangenheit. Dann ist Religion nicht nur Erinnerung, sondern auch im Jetzt spürbar.

Findet man Ihren Optimismus auch am Wegrand, in den feinen Linien dieser Welt?
Ja, auch wenn es dann so ein bisschen schwebend ist. Dann entsteht eben eine *Religion light.*

Was ist die Kraft einer Religion light?
Kraft scheint mir das falsche Wort zu sein. Es ist nicht Kraft, es ist eben etwas Schwebendes, etwas, das gerade nicht stark in diesem Sinn ist. Es geht nicht immer um Grösse und Stärke, sondern auch um Leichtigkeit. Auch wenn in der Religion oft das volle Herzblut verlangt wird. Mir entspricht das nicht.

Sie interessieren sich für das Kleine und Schwebende, trotzdem trauen Sie sich, klare Aussagen zu machen. Ist da nicht wieder diese Affinität zur Ambivalenz?
Das ist möglich, doch. Man muss auch wissen, dass diese Texte ja in einem gewissen Kontext entstanden sind. Die Texte hatten einen bestimmten Rahmen.

Sie haben sich mit Ihrer Wahl für die Theologie und der Wahl, Pfarrer zu werden, in diesen Rahmen hineingestellt. Wie kam es dazu?

Das ist eben mein Problem. Oder vielleicht spielt eben hier meine Ambivalenz. Ich stelle mich gern in einen Rahmen und überlege dann darüber hinaus, vielleicht ist das mein Denkkonzept. Vielleicht ist das ähnlich wie bei Emily Dickinson, der grossen amerikanischen Dichterin. Sie blieb eigentlich immer in ihrem Kämmerchen und hat aber von dort aus eine riesige Weite entwickelt – die wohl alle Rahmen gesprengt hat.

Man muss nicht nach Amerika reisen, um Amerika zu erleben.

So habe ich das wohl auch gesehen und bin deshalb nie gegangen.

Innerhalb von klar gesteckten Rahmen, bei Emily Dickinson ihr Haus, bei Ihnen die Institution, kann die Kreativität explodieren.

Ein schönes Bild. Ich bin ja eigentlich ein Stubenhocker, abgesehen von meinen Englandreisen. Und so kann man, wie Dickinson sagt, «in der Möglichkeit wohnen» und erfahren, was Jesus sagte: «Dem, der glaubt, ist alles möglich.» Das ist doch faszinierend, wenn solche Aussagen sich plötzlich ineinander verschränken: Bibel und Poesie. Dickinson hat auch geschrieben, dass man das Gesicht eines Menschen nur dann erkennt, wenn man es im fliehenden Licht sieht. Leben und Religion müssen in Bewegung bleiben, sie dürfen nicht statisch werden. Es kann immer auch ganz anders gewesen sein oder werden.

Bigna Hauser ist Theologin und Pfarrerin und arbeitet als Lektorin beim Theologischen Verlag Zürich.

Matthias Böhni studierte Germanistik und Geschichte und arbeitet als Journalist und Lehrer.

Textnachweise

King Lear
Kirche Fluntern am 21. 3. 2015

Gott als Theatermensch
Kirche Fluntern am 26. 4. 2015

Der Riss durch die Schöpfung
Kirche Fluntern am 30. 8. 2015

Die Stimme der Turteltaube
Kirche Fluntern am 17. 1. 2016
Ich verdanke Michael Zangger
wertvolle Anregungen für diesen Text.

Erstarrte Lava
Kirche Fluntern am 14. 2. 2016

Wohnen in der Möglichkeit
Kirche Fluntern am 8. 3. 2015

Ist die Liebe die Grösste?
Kirche Fluntern am 4. 9. 2016

Im Schlaf
Kirche Fluntern am 12. 3. 2017

Anderswohin
Kirche Fluntern am 15. 10. 2017

Religion light
Kirche Fluntern am 22. 10. 2017

Grösser als die Kirche
Kirche Fluntern am 18. 3. 2018

Den Rahmen zurücklassen
Kirche Fluntern am 15. 4. 2018

Dann werde ich spielen
Kirche Fluntern am 18. 10. 2015